나도 손글씨 잘 쓰면
소원이 없겠네

나도 손글씨 잘 쓰면 소원이 없겠네
: 악필 교정부터 캘리그라피까지, 4주 완성 나만의 글씨 찾기

초판 발행 2017년 9월 20일
30쇄 발행 2025년 6월 20일

지은이 이호정 / **펴낸이** 김태헌
총괄 임규근 / **책임편집** 권형숙 / **기획편집** 김지수 / **디자인** 어나더페이퍼 / **교정교열** 박성숙
영업 문윤식, 신희용, 조유미 / **마케팅** 신우섭, 손희정, 박수미, 송수현 / **제작** 박성우, 김정우

펴낸곳 한빛라이프 / **주소** 서울시 서대문구 연희로2길 62
전화 02-336-7129 / **팩스** 02-325-6300
등록 2013년 11월 14일 제25100-2017-000059호 / **ISBN** 979-11-88007-05-9 14640 / 979-11-88007-07-3(세트)

한빛라이프는 한빛미디어(주)의 실용 브랜드로 우리의 일상을 환히 비추는 책을 펴냅니다.

이 책에 대한 의견이나 오탈자 및 잘못된 내용에 대한 수정 정보는 한빛미디어(주)의 홈페이지나 아래 이메일로 알려주십시오. 파본은 구매처에서 교환하실 수 있습니다. 책값은 뒤표지에 표시되어 있습니다.
한빛미디어 홈페이지 www.hanbit.co.kr / 이메일 ask_life@hanbit.co.kr
네이버 포스트 post.naver.com/hanbitstory / 인스타그램 @hanbit.pub

Published by HANBIT Media, Inc. Printed in Korea
Copyright © 2017 이호정 & HANBIT Media, Inc.
이 책의 저작권은 이호정과 한빛미디어(주)에 있습니다.
저작권법에 의해 보호를 받는 저작물이므로 무단 복제 및 무단 전재를 금합니다.

지금 하지 않으면 할 수 없는 일이 있습니다.
책으로 펴내고 싶은 아이디어나 원고를 메일(writer@hanbit.co.kr)로 보내주세요.
한빛라이프는 여러분의 소중한 경험과 지식을 기다리고 있습니다.

악필 교정부터 캘리그라피까지,
4주 완성 나만의 글씨 찾기

나도 손글씨 잘 쓰면 소원이 없겠네

이호정(하오팅캘리) 지음

 한빛라이프

프롤로그

손글씨의 여전한 매력

언젠가 친구가 저에게 "스마트폰이며 태블릿 PC며 스마트한 기계란 기계는 다 가지고 있으면서 왜 촌스럽게 하나하나 다 그리고 쓰냐"고 물었습니다. 그 질문을 받고서야 '나는 왜 이러고 있을까' 생각해봤어요. 기기들이 나보다 몇 배는 더 똑똑하고 일정관리도 잘 해줄 텐데 시간도 오래 걸리고 귀찮은 일을 왜 하고 있을까 하고 말이죠. 손글씨의 가장 큰 매력은 디지털이 담아내지 못하는 진심을 담아 전할 수 있다는 것입니다. 조금 투박해 보여도 아날로그만의 따뜻함과 안정감도 있고요. 일 때문에 디지털 기기들을 지니고 다니지만, 일정관리나 일기 등은 펜으로 한 글자 한 글자 종이에 꾹꾹 눌러 담아 씁니다. 시간은 오래 걸려도 오늘 있었던 일을 천천히 되돌아볼 수 있고 내일 해야 할 일을 머릿속에 한 번 더 그려볼 수도 있기 때문입니다.

저에게 손글씨 수업을 들으러 오는 분들은 멋진 캘리그라피 작품을 만들어가는 것보다는 일상에서 부끄럽지 않은 글씨를 쓰고 싶어서 오시는 분들이 대부분입니다. 종일 컴퓨터 모니터 앞에서 키보드를 두드리느라 글씨 쓰는 법을 잊어버린 것 같다는 분, 학창시절엔 글씨를 꽤 잘 썼는데 자주 쓰지 않다 보니 예전만큼 써지지 않아 속상하다는 분, 반대로 노트 필기를 많이 해야 하는 학생이나 직업상 글씨 쓸 일이 많은 분이 좀 더 보기 좋은 글씨를 쓰고 싶어서 오는 경우도 있습니다. 글씨는 그 글씨를 쓴 사람의 많은 것을 담고 있습니다. 그렇기 때문에 여전히 손글씨를 잘 쓰고 싶은 사람들이 있는 거겠지요.

2년 전 글씨와 현재 글씨입니다.
꾸준히 연습을 통해 저에게 맞는 필체를 찾을 수 있었어요!

저는 처음에는 무조건 남의 글씨를 따라 쓰며 연습했습니다. 좋은 연습 방법이긴 했지만, 6~7개월 정도 남의 글씨를 똑같이 따라 쓰다 보니 아무리 단순해 보이는 글씨도 그 사람만의 기교가 있는데, 따라 쓰기만 하는 글씨는 완전한 내 것이 될 수 없다는 것을 깨달았어요. 그때부터 나만의 필체를 만들기 위해 정자체 연습을 했습니다. 재미없고 지루하게 느껴질 때도 있었지만 이 과정을 통해 내 글씨의 장단점이 무엇인지 파악할 수 있었고, 쓸 때마다 격차가 크던 필체가 틀이 잡히기 시작했습니다.

이 책을 보는 분들도 책의 순서대로 정자체 연습부터 차근차근 해보길 바랍니다. 뒷부분에서는 예시로 있는 제 글씨를 똑같이 따라 써도 좋고, 본인의 글씨로 써도 좋습니다. 본인의 글씨를 단정하게 다듬는 것만으로 충분히 개성 있고 예쁜 필체를 만들 수 있으니까요.

글씨라는 것은 어릴 때부터 지금까지의 습관이 쌓이고 쌓여 만들어진 결과물입니다. 조급한 마음을 버리고 하루에 한두 글자씩이라도 매일 공들여 쓴다면 어느새 글씨가 달라질 거라 확신합니다. 무엇보다 중요한 것은 자신의 글씨에 대한 애정과 긍정적인 마음입니다. 쉽게 포기하지 말고 꾸준히 연습하며 자신감을 얻고, 손글씨의 여전한 매력에 빠져보시길 바랍니다.

이호정

차례

프롤로그 손글씨의 여전한 매력

이 책의 핵심 구성

시작하기 전에. 내 손글씨는 대체 왜 이럴까?

1	내 손글씨 들여다보기	12
2	손글씨의 유형	14
3	첫째도 가독성, 둘째도 가독성	16

1주차. 글씨를 처음 배우는 것처럼

1	펜 고르는 법	24
2	펜 잡고 자세 잡고	28
3	자음과 모음 쓰는 순서	29
4	한글 정자체로 모양 익히기	33

2주차. 또박또박 쓰는 손글씨 연습

1	또박또박 쓰기만 해도 확 달라지는 손글씨	42
2	단어 연습	43
3	숫자 연습	51
4	짧은 문장 연습	52
5	자음이나 모음 하나만 바꿔도	60

3주차. 가지런히 문장 연습

1 가지런히 쓰기 위해 기억해야 할 것 72
2 문장 연습 74
3 빈 공간에 문장 연습 81
4 레이아웃에 따른 느낌 알기 88

4주차. 일상 속에서 빛나는 내 글씨

1 내 글씨로 캘리그라피 100
2 작은 그림으로 글씨 꾸미기 124
3 글씨로 마음을 전하는 방법 142
4 예쁜 글씨로 채우는 일상의 기록, 다이어리 144
5 추억이 고스란히 담긴 나만의 여행 노트 150

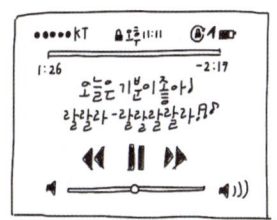

이 책의 핵심 구성

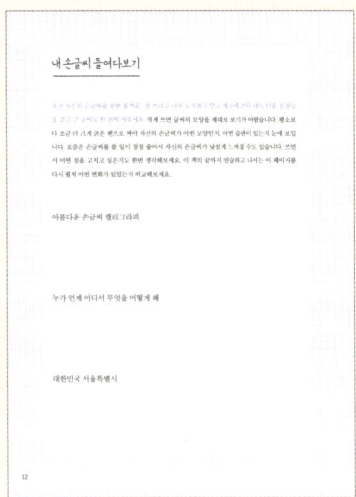

시작하기 전에
자신의 손글씨를 한번 살펴봅니다!
먼저 내 손글씨를 한번 써보고, 고치고 싶은 점을 생각해봅니다.
그리고 예쁜 손글씨의 첫째 조건인 '가독성'에 대해서도 알아봅니다.

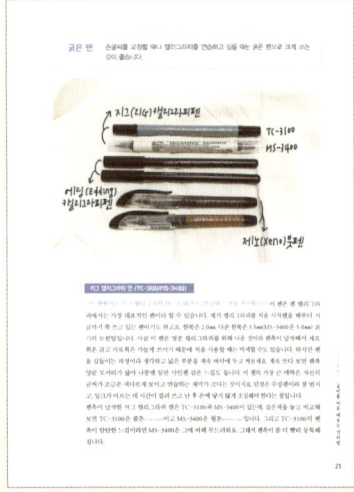

1주차. 글씨를 처음 배우는 것처럼
바르게 펜을 잡고 한글 모양 익히기!
글씨 연습을 시작하기 전에 자신에게 맞는 펜을 골라보고,
한글 정자체 연습을 통해 한글의 바른 모양을 익혀봅니다.
조금 지루한 과정일 수 있겠지만, 자신도 모르게 흐트러진
자음과 모음의 균형을 바로잡을 수 있습니다.

※ 이 책에는 일주일에 5일, 총 4주 동안 한 권을 모두 써볼 수 있도록 추천 일정이 표기되어 있습니다.
참고하면서 각자 자신에게 맞는 일정으로 연습해도 괜찮습니다. 8칸 노트를 사용해서 더 많이 연습하면 실력 급상승!

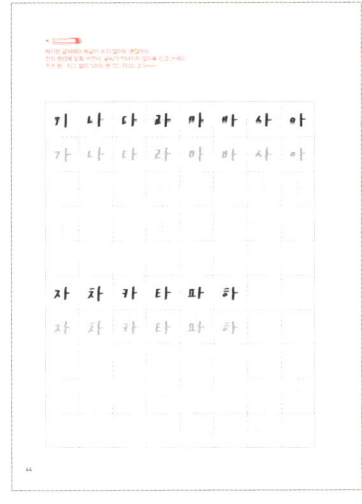
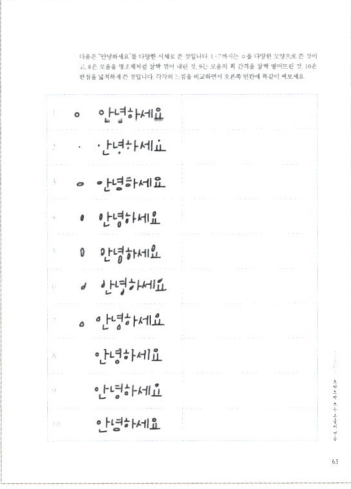
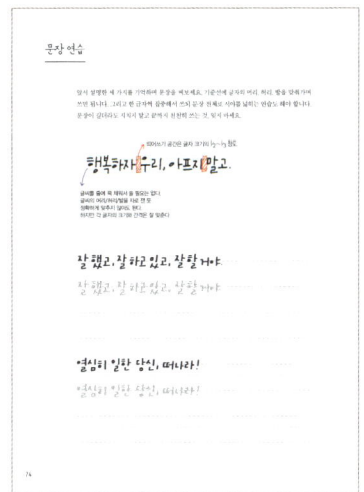

2주차. 또박또박 쓰는 손글씨 연습
자신의 글씨체를 단정하게 다듬기!

한두 글자의 단어부터 짧은 문장으로 시야를 넓혀가며
네모 칸 안에 또박또박 쓰는 연습을 합니다.
그리고 자음과 모음의 모양을 다양하게 바꿔 써보며
자신에게 맞는 글씨체도 찾아봅니다.

3주차. 가지런히 문장 연습
긴 문장도 끝까지 흔들림 없이!

글씨를 쓸 때 문장 전체를 보지 않고
지금 쓰고 있는 한 글자만 보면서 쓰면
글씨가 오르락내리락하거나 크기가
들쭉날쭉해지기 쉽습니다.
긴 문장을 기준선에 맞춰 써보는 연습을
하면서 끝까지 가지런히 쓸 수 있게 됩니다.

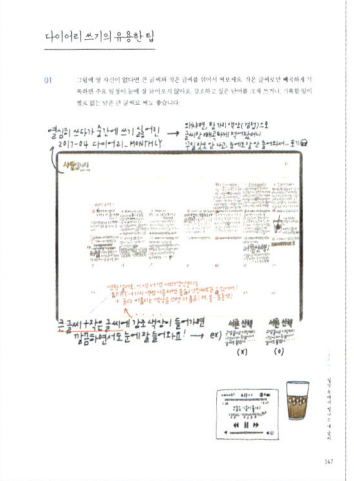

4주차. 일상 속에서 빛나는 내 글씨
내 글씨로 캘리그라피부터 다이어리, 여행노트까지!

자신의 글씨를 단정하게 쓰는 것만으로 개성 있는 멋진 캘리그라피를 만들 수 있습니다.
다양한 레이아웃으로 문장을 써보고, 손글씨 활용 팁과 다이어리, 여행노트 쓰는 법도 참고해보세요.

시작하기 전에,
내 손글씨는 대체 왜 이럴까?

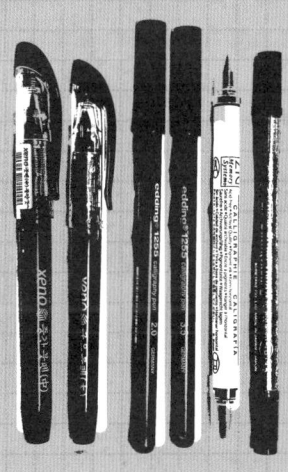

내 손글씨 들여다보기

우선 자신의 손글씨를 한번 볼까요? 잘 쓰려고 너무 노력하지 말고 평소에 쓰던 대로 다음 문장들을 조금 큰 글씨로 한 번씩 써보세요. 작게 쓰면 글씨의 모양을 제대로 보기가 어렵습니다. 평소보다 조금 더 크게 굵은 펜으로 써야 자신의 손글씨가 어떤 모양인지, 어떤 습관이 있는지 눈에 보입니다. 요즘은 손글씨를 쓸 일이 점점 줄어서 자신의 손글씨가 낯설게 느껴질 수도 있습니다. 쓰면서 어떤 점을 고치고 싶은지도 한번 생각해보세요. 이 책의 끝까지 연습하고 나서는 이 페이지를 다시 펼쳐 어떤 변화가 있었는지 비교해보세요.

아름다운 손글씨 캘리그라피

누가 언제 어디서 무엇을 어떻게 왜

대한민국 서울특별시

봄 여름 가을 겨울

12월 25일은 성탄절입니다.

빨주노초파남보 무지개

안녕하세요, 반갑습니다.

고맙습니다.

손글씨의 유형

이번에는 많이 나타나는 손글씨의 유형을 몇 가지만 살펴보겠습니다. 앞에서 쓴 자신의 글씨가 어떤 쪽에 가까운지 대조해보고, 좀 더 보기 좋은 손글씨를 쓰기 위해서는 어떤 점을 고쳐야 하는지도 알아봅시다.

01 전체적으로 봤을 땐 단정하고 예쁜 글씨지만 자세히 보면 대부분 글씨가 왼쪽으로 살짝 기울어져 있습니다. 글씨 자체는 반듯반듯하더라도 한쪽으로 기울면 전체적인 안정감이 떨어집니다. 한 글자 한 글자에 집중하고 바른 자세에 조금 더 신경 쓰면 훨씬 더 좋은 필체를 만들 수 있을 것입니다.

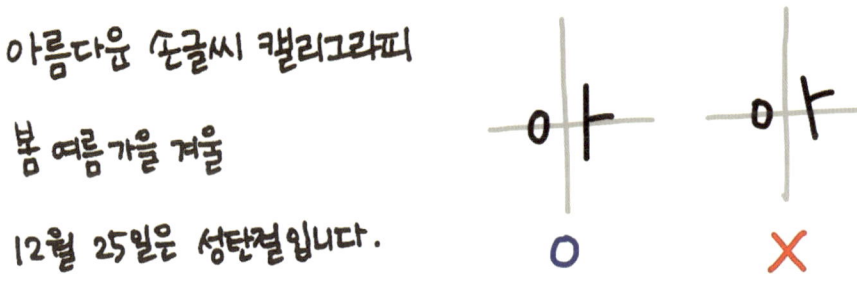

02 글씨가 일직선상에 고르게 있지 않고 오르락내리락하지요? 글씨를 빨리 쓰는 사람에게서 많이 나타나는 유형인데, 글씨를 쓸 때 단어 또는 문장 전체를 보지 않고 지금 쓰고 있는 한 글자만 보면서 쓰는 경우입니다. 단어 단위로 썼을 땐 크게 문제될 것이 없어 보이지만, 문장을 쓰면 문장 전체가 오르락내리락해서 글씨가 단정해 보이지 않을 뿐만 아니라 가독성이 크게 떨어질 수 있어요. 이런 유형은 줄이나 격자무늬가 있는 노트를 사용하여 글씨의 높낮이를 맞추는 연습을 하면 도움이 됩니다.

03 문장의 첫 글자와 마지막 글자를 비교해보면 글씨 크기가 많이 다르지요? 뒤로 갈수록 글씨가 작아지는 경우는 앞의 2번 유형과 마찬가지로 글씨를 쓰는 속도가 빠르고, 단어 또는 문장 전체를 보지 않고 한 글자씩만 보면서 쓸 때 흔히 나타납니다. 앞뒤 글씨를 비교하면서 쓰지 않고 일단 쓰고자 하는 글을 다 쓴 후에 글씨를 확인하지요. 이런 경우에는 첫 글자, 특히 자음을 크게 쓰고 두 번째 글자부터는 글씨 쓰는 속도가 빨라지면서 크기가 점점 작아져 전체적인 안정감이 떨어집니다. 급히 메모를 남겨야 하는 경우가 아니라면 첫 글자와 자음의 크기를 끝까지 맞춰가며 천천히 쓰는 연습을 하는 것이 좋습니다.

04 필체는 자음의 크기에 따라서도 느낌이 달라집니다. 대체로 자음이 모음이나 받침에 비해 크면 어린아이 글씨같이 동글동글 귀여운 느낌이 들고, 반대로 자음이 모음이나 받침에 비해 작거나 비슷하면 단정하고 어른스러운 느낌이 들지요. 하지만 이 두 가지 형태가 섞이면 깔끔하지 않고 가독성이 떨어집니다. 게다가 아래 글씨는 왼쪽으로 기울어 안정감도 없습니다. 이런 경우에는 자신의 글씨 스타일을 확실히 정하고, 자음과 모음이 너무 붙지 않도록 또박또박 쓰는 연습을 많이 하는 것이 좋습니다.

첫째도 가독성,
둘째도 가독성

예쁜 글씨에 대한 정답은 없습니다. 수학이나 과학이라면 정해진 공식에 따라 정답과 오답을 가릴 수 있지만 잘 쓴 글씨에 대한 기준은 사람마다 선호도나 관점이 다르기 때문이죠. 하지만 좀 더 예쁘고 보기 좋은 글씨를 쓰기 위해 기본적으로 갖춰야 할 것은 있습니다. 바로 '가독성'입니다.

가독성 可讀性 인쇄물이 얼마나 쉽게 읽히는가 하는 능률의 정도. 활자체, 글자 간격, 행간, 띄어쓰기 따위에 따라 달라진다. [출처: 국립국어원 표준국어대사전]

이처럼 가독성은 글씨가 얼마나 쉽게 읽히는가, 어떤 글을 썼는지 한눈에 들어오는가를 판단할 수 있는 요소인데, 컴퓨터 글씨가 아닌 사람이 쓴 글씨는 글씨를 쓰는 속도, 자세 등에 따라서도 달라집니다. 가독성의 정의에서 언급한 대로 활자체(필체), 글자 간격(자간), 행간, 띄어쓰기에 따라 가독성이 어떻게 달라지는지 살펴보겠습니다.

필체

인쇄용 글자체는 활자체, 손글씨의 모양은 필체라고 합니다. 앞에서 살펴본 '손글씨의 유형'(14쪽)을 다시 펼쳐보면 필체에 따라 가독성이 얼마나 차이가 나는지 알 수 있을 거예요. 다양한 필체가 있지만 우선은 또박또박 쓴 글씨가 흘려 쓴 글씨보다는 가독성이 좋은 편입니다. 손글씨에 자신감이 생기기 전에는 또박또박 쓰는 연습을 하는 것이 좋습니다.

'나도 글씨 잘 쓰고 싶다' 또는 '나도 캘리그라피를 해봐야겠다'라고 마음을 먹고 나면 좋아하는 스타일의 필체를 보고 따라 쓰는 연습을 하는 경우가 많습니다. 여기서 문제는 처음부터 다른 사람의 잘 쓴 글씨를 보고 필체 연습을 하다 보면, 이도 저도 아닌 흉내 내기에 불과한 필체로 굳어지기 쉽다는 점입니다. 다른 어떤 것도 마찬가지지만 손글씨도 기본이 중요합니다. 붓글씨든 펜글씨든 평소 노트나 다이어리에 쓰는 글씨든 캘리그라피든 기초를 잘 다져야 결과물이 한층 더 돋보이기 마련이지요. 그렇기에 글씨의 기본 골격과 글씨 쓰는 습관을 잘 만드는 것이 손글씨를 잘 쓰기 위한 첫 단계입니다. 그래서 먼저 정자체 쓰기 연습이 필요합니다. 이 책에서는 정자체로 한글의 기본 모양을 한번 되새긴 다음, 손글씨는 굵은 글씨로 또박또박 연습해볼 것입니다.

손글씨 수업을 듣거나 악필 교정을 받는다고 해서 필체가 하루아침에 '짠' 하고 예쁘게 변하지는 않습니다. 정자체 연습을 하면서 가끔 '이러다 내 글씨가 반듯하고 재미없는 필체로 굳어지는 것이 아닌가' 하고 걱정하는 사람들이 있는데, 10년, 20년을 고집해온 필체가 하루아침에 바뀌지는 않아요. 정자체 연습은 한 글자 한 글자 조금 더 신경을 쓰고, 단정하고 보기 좋은 글씨체를 만들어가는 과정이라 생각하면 됩니다.

자간과 행간, 띄어쓰기

자간은 글자와 글자 사이의 간격, 행간은 윗줄과 아랫줄 사이의 간격을 말합니다. 띄어쓰기는 단어와 단어 사이의 간격이지요. 자간, 행간, 띄어쓰기는 각각 별개의 것으로 보기보다는 하나의 묶음으로 보는 것이 좋습니다. 특히 캘리그라피는 문장을 썼을 때 하나의 덩어리로 만드는 것이 중요한데, 자간은 좁은데 행간이 넓다거나 행간은 좁은데 띄어쓰기 간격이 넓으면 하나의 덩어리로 보이지 않아요. 그래서 이 세 가지는 한 묶음으로 움직이면서 너무 넓지도, 너무 좁지도 않게, 각 글자의 공간은 지켜주는 선에서 촘촘하게 만드는 것이 좋습니다.

다음 페이지에서 자간과 행간, 띄어쓰기에 따라 가독성이 어떻게 달라지는지 눈으로 한번 보고, 문장 연습을 할 때 더 자세히 알아보도록 하겠습니다.

아버지가 방에 들어가신다. ○ 띄어쓰기 공간은 글자 크기의 1/2~1/3 정도가 좋다.

아버지가방에들어가신다. ✗ 띄어쓰기가 없으면 의미 파악이 제대로 되지 않는다.

아버지가   방에   들어가신다. ✗ 띄어쓰기 공간이 너무 넓으면
문장이 한눈에 잘 들어오지 않는다.

○
자간과 행간, 띄어쓰기 공간이 일정하다.

✗
자간과 행간, 띄어쓰기 공간이 일정하지 않아
문장이 하나의 덩어리로 보이지 않고 전체적인 완성도가 떨어진다.

연습은 큰 글씨로 천천히

글씨 연습을 하다 보면 자신이 보기에도 잘 쓴 글자가 있는가 하면, 어떻게 써도 못나 보이는 글자도 있을 거예요. 그렇다고 해서 예쁘게 써지지 않는 글자를 피하지 말고 골고루 꾸준히 연습해야 합니다. 어떻게 해도 잘 안 써지는 글자는 자음이나 모음 중 하나를 바꿔서 다른 필체를 연습해보는 것도 방법인데, 그건 뒤에서 설명하겠습니다.

연습할 때는 큰 글씨로 천천히 쓰세요. 평소에 글씨를 크게 쓰다가 작게 쓰기는 쉽지만 작게 쓰던 글씨를 크게 쓰려면 어렵습니다. 크게 쓰며 연습해야 자기 글씨의 장단점을 빨리 파악할 수 있고, 천천히 써야 전체적인 글자의 비율을 확인하며 쓸 수 있습니다. 문장을 쓸 때도 빨리 쓰면 한 글자씩만 보며 쓰게 되므로 글씨가 점점 작아지거나 점점 내려가기도 하지요. 천천히만 써도 글씨를 조금은 더 예쁘게 쓸 수 있어요. 마지막 글자까지 정성 들여 쓰세요.

그리고 무엇보다 중요한 것은 꾸준한 연습입니다. 한 단어라도, 5분씩이라도 매일 쓰는 습관을 들여야 합니다. 시험을 앞두고 벼락치기 공부하듯 몰아서 연습하는 것은 도움이 되지 않아요. 연습할 때는 좋은 글귀를 찾아 쓰는 것보다 다양한 단어를 쓰는 것이 좋습니다. 좋은 글귀만 찾아 쓰다 보면 아무래도 연습할 수 있는 단어가 제한적이에요. 저는 글씨 연습을 할 때 그날의 포털 사이트 헤드라인을 쓰기도 하고, 좋아하는 TV 프로그램을 보거나 라디오를 들으면서 보이는 자막이나 들리는 대사를 받아 적기도 합니다. 그러다 보면 평소에 잘 쓰지 않는 글자도 연습할 수 있게 됩니다.

이 책에서도 가능하면 다양한 글자를 연습할 수 있도록 구성했습니다. 그리고 연습하는 칸을 조금 크게 만들었습니다. 글씨가 작아지지 않도록 조심하면서 차근차근 따라 써보세요. 가능하면 8칸 쓰기 공책을 한 권 준비해서 책에 있는 단어나 문장 외에 추가로 더 연습하면 좋습니다.

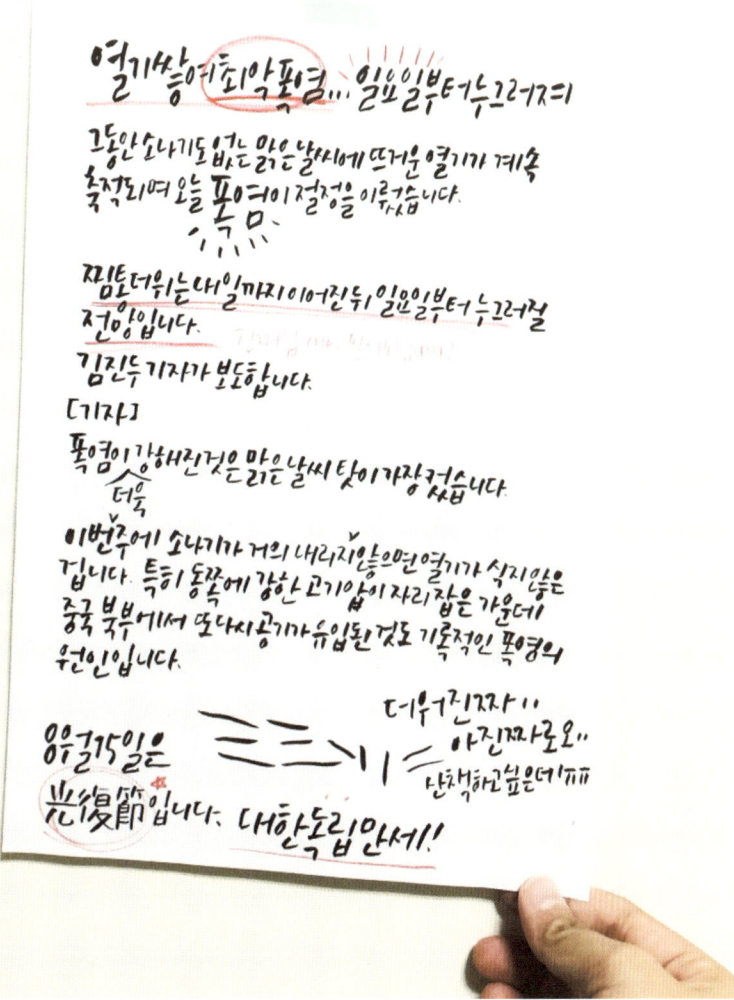

질문 있어요!

Q: 저는 펜에 따라서 필체가 천차만별인데 왜 그럴까요?

A: 제가 많이 받는 질문 중 하나예요. 일단 각각의 펜이 가진 특성이 다르기 때문입니다. 어떤 펜은 큰 글씨, 어떤 펜은 작은 글씨를 쓰기에 적합하고, 또 어떤 펜은 빨리 쓰기에 적합하지요. 그리고 기계가 아닌 이상 어떤 펜을 써도 늘 똑같은 글씨가 나오진 않을 거예요. 필체는 글씨를 쓰는 사람의 컨디션에 따라, 또 글씨를 쓰는 환경에 따라 달라질 수밖에 없어요. 같은 사람이 쓰는 글씨인데도 어떤 날은 엄청 잘 써지고, 어떤 날은 뭘 써도 이상해 보이고요. 펜에 따라 필체가 다르게 보이는 건 어찌 보면 당연한 일이지만, 그래도 어느 정도의 일관성을 갖고 싶다면 부지런히 바른 글씨 연습을 해서 자기 글씨의 틀을 만들어가는 게 좋아요. 그리고 연습할 때는 여러 종류의 펜을 사용하기보다는 한두 가지의 펜으로만 연습하길 권합니다.

1주차.
글씨를 처음 배우는 것처럼

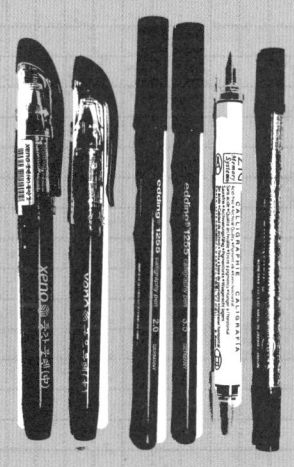

1일차 펜 고르는 법

글씨 연습을 시작하기 위해서 먼저 펜을 준비해볼까요? 펜을 고를 때 흔히 저지르는 실수는 글씨 잘 쓰는 사람이 사용하는 펜으로 쓰면 예쁜 글씨를 쓸 수 있지 않을까 하는 일말의 기대감을 가지고 무조건 같은 펜을 구매하는 것입니다. 그러나 막상 사용해보면 기대했던 예쁜 글씨는커녕 원래 글씨보다 더 못나 보이는 경우가 대부분입니다. 그러면 '역시 난 안 되나 봐'라고 좌절하고 포기하거나 '이 펜이 나랑 안 맞네'라고 생각해 다른 펜을 찾아 나서기도 하죠.

세상은 넓고 펜 종류는 많습니다. 사람들이 많이 사용하고 유명한 필기구는 물론 그럴 만한 이유가 있겠지만, 다른 사람에게 좋은 필기구가 꼭 나한테도 좋은 필기구일 수는 없어요. 사람마다 필체가 다르고 펜도 저마다의 특징을 가지고 있기 때문입니다. (또박또박 천천히 쓰기 편한 펜이 있고, 빠르게 쓰기 편한 펜이 있어요. 저는 한 자 한 자 힘줘서 또박또박 쓰기를 좋아하는데, 은행이나 우체국에 있는 펜은 빠르게 쓰기 편한 거라 그 펜으로 글씨를 쓰면 평소에 막 쓰는 글씨보다 더 못나 보이기도 해요.)

자신에게 맞는 펜을 고르는 가장 좋은 방법은 화방이나 큰 문구점에 가서 최대한 많은 펜을 써보고 '이거 좀 괜찮다, 잘 써지는 것 같다' 싶은 펜을 구매하는 것입니다. 하지만 막상 집에 와서 써보면 느낌이 많이 다를 수 있습니다. 테스트용 펜은 많은 사람이 사용했기 때문에 이미 길이 들어 누가 써도 보들보들 잘 써지지만, 구매한 펜은 새것이기 때문입니다. 새로 맞춘 열쇠가 처음에는 뻑뻑하고 불편하지만 오래 사용하면 부드럽게 잘 들어가듯, 펜도 적응하고 길들이는 시간이 필요합니다. 그리고 이 펜 저 펜 바꿔 쓰는 것보다 한 가지 펜으로 쭉 연습하는 게 글씨 교정에도 도움이 됩니다.

그래도 펜을 고를 때 막막한 분들을 위해 제가 주로 사용하는 펜을 몇 가지 소개할게요.

굵은 펜	손글씨를 교정할 때나 캘리그라피를 연습하고 싶을 때는 굵은 펜으로 크게 쓰는 것이 좋습니다.

지그 캘리그라피 펜 (TC-3100/MS-3400)

: 이 책에서는 지그 캘리그라피 TC-3100으로 연습하는 것을 추천합니다. 이 펜은 펜 캘리그라피에서는 가장 대표적인 펜이라 할 수 있습니다. 제가 캘리그라피를 처음 시작했을 때부터 지금까지 쭉 쓰고 있는 펜이기도 하고요. 한쪽은 2.0㎜, 다른 한쪽은 3.5㎜(MS-3400은 5.0㎜) 굵기의 트윈팁입니다. 사실 이 펜은 영문 캘리그라피를 위해 나온 것이라 펜촉이 납작해서 세로획은 굵고 가로획은 가늘게 쓰이기 때문에 처음 사용할 때는 어색할 수도 있습니다. 하지만 펜을 길들이는 과정이라 생각하고 넓은 부분을 계속 바닥에 두고 써보세요. 계속 쓰다 보면 펜촉 양끝 모서리가 닳아 나중엔 일반 사인펜 같은 느낌도 듭니다. 이 펜의 가장 큰 매력은 자신의 글씨가 조금은 색다르게 보이고 연습하는 재미가 크다는 것이지요. 단점은 수성펜이라 잘 번지고, 잉크가 마르는 데 시간이 걸려 쓰고 난 후 손에 닿지 않게 조심해야 한다는 점입니다.

펜촉이 납작한 지그 캘리그라피 펜은 TC-3100과 MS-3400이 있는데, 검은색을 놓고 비교해 보면 TC-3100은 쿨톤cool tone이고 MS-3400은 웜톤warm tone입니다. 그리고 TC-3100의 펜촉이 탄탄한 느낌이라면 MS-3400은 그에 비해 부드러워요. 그래서 펜촉이 좀 더 빨리 뭉툭해집니다.

나도 손글씨 잘 쓰면 소원이 없겠네 → 지그캘리그라피펜
(TC-3100)

나도 손글씨 잘 쓰면 소원이 없겠네 → 지그캘리그라피펜
(MS-3400)

에딩 1255 캘리그라피 펜

: 지그 캘리그라피 펜처럼 펜촉이 납작한 캘리그라피 펜입니다. 굵기는 2.0/3.5/5.0㎜ 세 종류이고, 지그 펜은 컬러가 다양하지만 에딩 1255 캘리그라피 펜은 컬러가 다섯 가지뿐입니다. 종류는 적지만 무게감 있고 고급스러운 색깔이에요. 트윈팁이 아니라서 지그 펜에 비해 좀 더 가볍게 사용할 수 있습니다.

나도 손글씨 잘 쓰면 소원이 없겠네 → 에딩1255캘리그라피펜2.0

제노 굵은 붓펜(중/대)

: 쉽게 구할 수 있고, 가격 부담도 없는 펜 중 하나예요. 이름은 붓펜이지만 붓펜과 사인펜의 중간 느낌을 내는 펜입니다. 모필이 아닌 스펀지팁이라 오래 사용하다 보면 해져서 팁 끝부분이 너덜너덜해지는데 그 부분만 조금 잘라내면 다시 새 펜처럼 사용할 수 있습니다. 생 잉크 타입이라 진하게 써지고 오래 쓸 수 있는 대신, 잉크가 마르는 데 시간이 오래 걸리는 게 단점이에요. 굵기는 가는 붓/중간 붓/굵은 붓 세 가지이고, 색상은 검은색 한 가지입니다.

나도 손글씨 잘 쓰면 소원이 없겠네 → 제노붓펜(大)
나도 손글씨 잘 쓰면 소원이 없겠네 → 제노붓펜(中)

| 가는 펜 | 손글씨 교정 및 캘리그라피용으로는 추천하지 않지만, 다이어리나 노트 필기용으로는 좋은 펜입니다. |

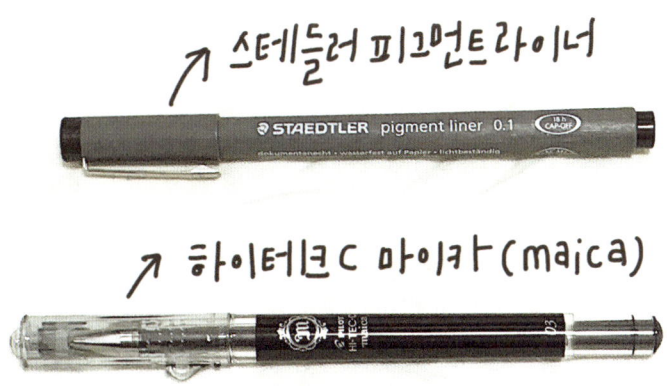

스테들러 피그먼트라이너

: 약간의 번짐에도 예민한 사람에게 추천하고픈 펜입니다. 이 펜을 처음 사용하게 된 이유가 잉크 펜의 번짐 때문이었거든요. 잉크 펜을 사용했다가 다이어리 한 페이지가 다 번진 이후로 번짐 없는 펜을 열심히 찾다가 발견했습니다. 일반 펜과 달리 피그먼트 잉크라 금방 마르고, 글씨나 그림을 그린 후 채색을 해도 번지지 않아요. 뚜껑을 덮지 않아도 약 18시간 정도는 마르지 않는다고 합니다(굵기 1.0/1.2㎜ 제외). 색상은 검은색 한 종류이고, 굵기는 0.05~1.2㎜, 각진 팁은 0.3~2.0㎜가 있습니다.

나도 손글씨 잘 쓰면 소원이 없겠네 → 스테들러 피그먼트라이너 0.3

하이테크 C 마이카

: 예전의 하이테크 펜은 펜촉이 금방 막히거나 부러지곤 했는데, 마이카는 그런 점들이 보완되었습니다. 가늘고 번짐 없이 부드럽게 잘 써지면서도 펜촉이 흔들리거나 불안하지 않고 안정감이 있어요. 글씨를 깨알같이 작고 빽빽하게 쓰기 좋아하는 사람이 사용하면 좋을 펜입니다. 굵기는 0.3/0.4㎜, 색상은 열두 가지입니다.

나도 손글씨 잘 쓰면 소원이 없겠네 → 하이테크 마이카 0.3

2일차

펜 잡고
자세 잡고!

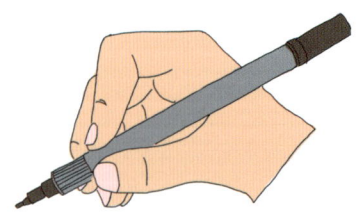

처음 연필을 잡았을 때 기억이 나시나요? 분명 바르게 잡는 방법을 배웠지만 어느 순간부터인지 잘못된 버릇이 손에 익은 분이 많을 것입니다. 정말 글씨를 처음 쓴다고 생각하고 펜을 바르게 잡아보세요. 처음에는 어색하겠지만 이 책 한 권만이라도 바른 자세로 연습하려고 노력해보세요.

먼저 펜촉에서 3cm 정도 되는 곳을 검지와 엄지로 가볍게 집고 중지의 첫 마디 위에 펜을 올립니다. 새끼손가락부터 손목까지는 바닥에 잘 붙어 있어야 합니다. 그 상태로 너무 힘주지 말고 쓰도록 하세요. 왼손잡이도 같은 방법으로 잡으면 됩니다.

펜을 바르게 잡았다면, 허리를 꼿꼿하게 펴고 종이는 바르게 놓고 쓰려고 노력해야 합니다. 물론 힘듭니다. 하지만 바른 자세가 바른 글씨를 만든다는 것을 기억하세요. 몸이 바르지 않으면 글씨도 기울어지기 쉽습니다. 금방 피로해지는 것은 물론이고요. 기울여 쓰는 습관이 들면 나중에 고치기가 무척 어렵습니다. 당연하지만, 의도하고 기울여 쓴 글씨와 자신도 모르게 기울여 쓴 글씨는 매우 다릅니다. 글씨 쓰기에서 바른 자세는 기본 중의 기본입니다.

자음과 모음 쓰는 순서

한글 자음과 모음은 쓰는 순서가 있습니다. 물론 캘리그라피를 하다 보면 의도적으로 순서를 조금씩 바꿔서 쓰는 경우도 있습니다. 하지만 글씨 연습을 할 때는 정해진 순서에 따라 쓰면서 한글의 기본 모양을 익히는 것이 먼저입니다. 초등학교 때의 기억을 떠올리며 가능하면 굵은 펜으로 자음과 모음 하나하나를 순서에 맞게 정성 들여 써보세요.

자음

ㅋ	ㅋ	ㅋ	ㅋ
ㅌ	ㅌ	ㅌ	ㅌ
ㅍ	ㅍ	ㅍ	ㅍ
ㅎ	ㅎ	ㅎ	ㅎ
ㄲ	ㄲ	ㄲ	ㄲ
ㄸ	ㄸ	ㄸ	ㄸ
ㅃ	ㅃ	ㅃ	ㅃ
ㅆ	ㅆ	ㅆ	ㅆ
ㅉ	ㅉ	ㅉ	ㅉ

매일 쓰는 한글을 낯설게 보는 과정입니다.
각 획의 위치와 길이, 전체적인 모양을 새롭게 눈에 익혀보세요.

모음

4일차 — 한글 정자체로 모양 익히기

자음과 모음의 순서를 익혔다면 이제 자음과 모음을 결합해서 한글의 모양을 익혀보겠습니다. 받침이 없는 글자부터 시작해 겹받침이 있는 글자까지 쓰면서 자음과 모음의 균형을 되새겨 보세요.

자음의 오른쪽에 모음이 오는 경우입니다. 전체적으로 ◁ 모양이 됩니다. 자음의 모양과 세로획의 위치에 신경 쓰면서, 모음의 가로획이 너무 올라가거나 내려가지 않게 하며 써보세요.

가	가		나	나	
다	다		라	라	
마	마		바	바	
사	사		아	아	
자	자		차	차	
카	카		타	타	
파	파		하	하	
거	거		너	너	
더	더		러	러	
머	머		버	버	

1주차 · 글씨를 처음 배우는 것처럼

자음의 오른쪽에 모음이 있고 아래쪽에 받침이 있는 경우입니다. 받침이 너무 크거나 작지 않도록 균형을 잘 맞춰 써보세요.

각	각		같	같	
난	난		남	남	
단	단		닻	닻	
랄	랄		랑	랑	
만	만		망	망	
빈	빈		빛	빛	
잎	잎		잊	잊	
잠	잠		찾	찾	
많	많		맑	맑	
삶	삶		앎	앎	

자음의 아래쪽에 모음이 오는 경우입니다. 전체적으로 △ 또는 ◇ 모양이 됩니다. 자음은 앞에서 연습했던 것과 다른 모양이 됩니다. 자음이 글씨의 중앙에 위치하고, 모음의 세로획이 가로획의 중앙에 정확히 위치하도록 연습해보세요.

고	고			교	교		
노	노			도	도		
로	로			료	료		
모	모			보	보		
소	소			오	오		
조	조			초	초		
구	구			누	누		
부	부			수	수		
우	우			주	주		
프	프			흐	흐		

5일차

자음의 아래쪽에 모음이 있고 그 아래 받침이 있는 경우입니다. 받침이 글씨의 중앙에 위치하도록 써보세요.

곡	곡			굽	굽		
꽃	꽃			눈	눈		
동	동			롤	롤		
몸	몸			물	물		
붐	붐			불	불		
송	송			숲	숲		
옷	옷			웃	웃		
종	종			춤	춤		
콜	콜			홑	홑		
못	못			붉	붉		

자음의 오른쪽과 아래쪽에 모음이 함께 오는 경우입니다. 자음은 모음 두 개를 쓸 공간을 생각해서 조금 작게 써야 합니다.

과	과			궤	궤		
뇌	뇌			돼	돼		
뤼	뤼			뭐	뭐		
봐	봐			봬	봬		
쇠	쇠			쉬	쉬		
위	위			의	의		
죄	죄			최	최		
취	취			쾌	쾌		
퇴	퇴			화	화		
훼	훼			희	희		

1주차 · 글씨를 처음 배우는 것처럼

자음의 오른쪽과 아래쪽에 모음이 함께 오면서 받침도 있는 경우입니다. 각각의 자음과 모음을 너무 크지 않게 쓰면서 균형을 잘 맞춰보세요.

곽	곽			괌	괌		
됩	됩			됩	됩		
봤	봤			뵀	뵀		
쉼	쉼			왕	왕		
웠	웠			윗	윗		
줬	줬			콸	콸		
팃	팃			황	황		

질문 있어요!

Q: 글씨 쓸 때, 처음에는 잘 쓰다가 뒤로 갈수록 이상해지는데 어떻게 해야 하나요?

A: 대부분의 사람들이 글씨 연습을 시작할 때 단어가 아니라 자신이 좋아하는 긴 문장으로 연습합니다. 보기 좋은, 그러니까 가독성 좋은 글씨는 처음부터 마지막 글자까지 일관성 있는 것입니다. 그런데 처음부터 긴 문장으로 연습하면 글씨가 점점 작아지거나, 처음 글씨는 또박또박 바르게 썼는데 끝부분의 글씨는 둥글둥글해지거나, 글씨가 점점 위로 올라가거나 점점 내려가거나, 심하면 오르락내리락하기도 해요. 그리고 대부분의 사람들이 글씨를 쓸 때 한 글자에만 초점을 맞춥니다. 예를 들어, 애국가 1절을 쓴다고 하면 "동해물과 백두산이 마르고 닳도록"이라는 전체적인 조화를 보면서 쓰는 게 아니라, '동'자를 쓸 땐 '동'만, '해'자를 쓸 땐 '해'만 보기 때문에 글씨를 다 쓰고 나서 보면 전체적인 안정감도 떨어지고 이상해 보이는 것이죠. 단어부터 연습을 시작해 짧은 문장, 긴 문장으로 점차 양을 늘리면서 시야도 점차 넓히는 게 좋습니다. 단어의 첫 글자를 쓰고, 두 번째 글자를 쓸 땐 앞 글자와의 비율과 간격을 확인하면서 천천히 써보세요. 그렇게 조금씩 양을 늘려서 쓰면 전체적으로 안정감 있고 일관성 있는 글씨를 쓸 수 있을 거예요.

2주차.
또박또박 쓰는 손글씨 연습

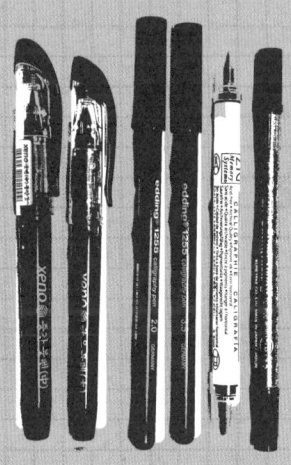

1일차 또박또박 쓰기만 해도 확 달라지는 손글씨

1주차에 정자체 연습으로 한글의 기본 글꼴과 균형을 익혔으니 이제부터 본격적인 손글씨 연습에 들어가겠습니다. 실생활에서 좀 더 편하게 사용할 수 있는 글씨체를 만드는 과정입니다. 예시로 보여주는 글씨체와 조금 달라도 괜찮습니다. 자신의 글씨체를 또박또박 다듬어간다고 생각하고 네모 칸 안에 넣기를 중점적으로 연습하세요. 다른 누구의 글씨가 아닌 자신의 글씨를 단정하게 쓰는 것만으로도 개성 있고 훌륭한 필체를 만들 수 있습니다. 네모 칸 안에 작은 원이 있다고 생각하면서 위아래 여백과 좌우 여백이 같도록 중앙에 잘 맞춰서 쓰도록 합니다. 여기서는 지그 캘리그라피 펜 TC-3100의 2.0mm 펜촉으로 연습하기를 권합니다. 연필이나 가는 펜보다 글씨를 훨씬 크게 쓸 수 있습니다. 앞에서도 이야기했지만 글씨 연습을 할 때는 크게 천천히 써야 자기 글씨의 장단점을 파악하기 쉽고 전체적인 비율을 확인하며 쓸 수 있습니다. 펜촉이 납작해 처음에는 어색하겠지만 익숙해지면 이후에 캘리그라피 연습을 할 때도 훨씬 안정감 있게 쓸 수 있습니다.

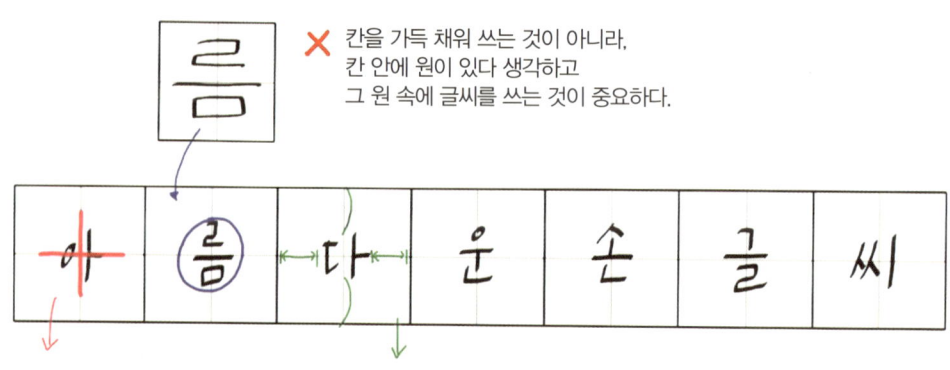

칸을 가득 채워 쓰는 것이 아니라,
칸 안에 원이 있다 생각하고
그 원 속에 글씨를 쓰는 것이 중요하다.

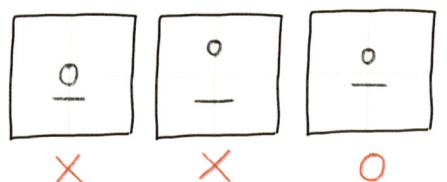

네모 칸을 상하좌우로 접었을 때
어느 한쪽으로 치우친 부분이 없게 한다.

위아래 여백과 좌우 여백이 같게 한다.

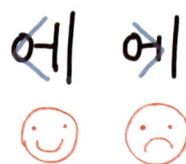

모음의 길이가 자음보다 짧으면
글씨의 균형이 깨져보일 수 있다.

단어 연습

먼저 두세 글자 정도의 단어부터 연습해보겠습니다. 앞의 예시처럼 칸의 중앙에 한 글자씩 잘 맞춰가며 쓰고, 글자 크기가 들쭉날쭉하거나 점점 작아지지 않도록 유의하며 쓰세요. 그리고 기본적으로 받침이 있는 글씨는 받침이 없는 글씨보다 크기가 커지지만, 모음 ㅜ, ㅠ의 경우에는 받침 있는 글씨와 같은 크기로 써야 균형이 맞아 보입니다. 백두산, 두부조림 같은 단어의 예를 보고 연습해보세요.

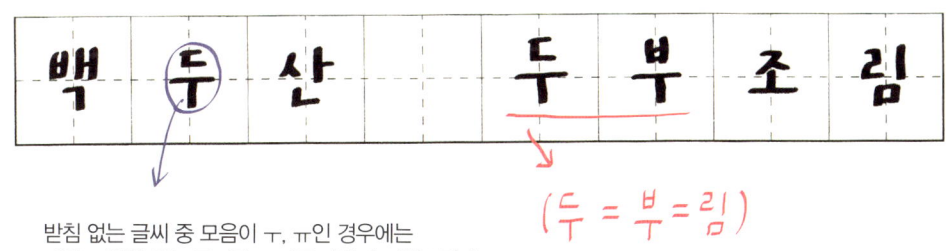

받침 없는 글씨 중 모음이 ㅜ, ㅠ인 경우에는 예외로 받침 있는 글씨와 크기를 맞춰야 자연스럽다.

ex) 백두산 (X) / 백두산 (O)

* 두 (X) → 너무 짧게 쓰면 자음이 상대적으로 커 보일 수 있다.

두 (X) → 너무 길게 쓰면 글자가 세로로 눌려 보인다.

두 (O) → 자음의 높이만큼 빼는 것이 가장 자연스럽다.

* 림(X) 림(X) 림(O)

자음과 모음의 간격이 너무 좁거나 넓지 않게 한다.

예시된 글씨체와 똑같이 쓰지 않아도 괜찮아요.
칸의 중앙에 맞춰 쓰면서, 글씨가 작아지지 않도록 신경 쓰세요.
추천 펜 : 지그 캘리그라피 펜 TC-3100, 2.0mm

가 나 다 라 마 바 사 아
가 나 다 라 마 바 사 아

자 차 카 타 파 하
자 차 카 타 파 하

월 화 수 목 금 토 일

월 화 수 목 금 토 일

봄 여 름 가 을 겨 울

봄 여 름 가 을 겨 울

• 2주차 • 또박또박 쓰는 손글씨 연습

누가 언제 어디서

누가 언제 어디서

무엇을 어떻게 왜

무엇을 어떻게 왜

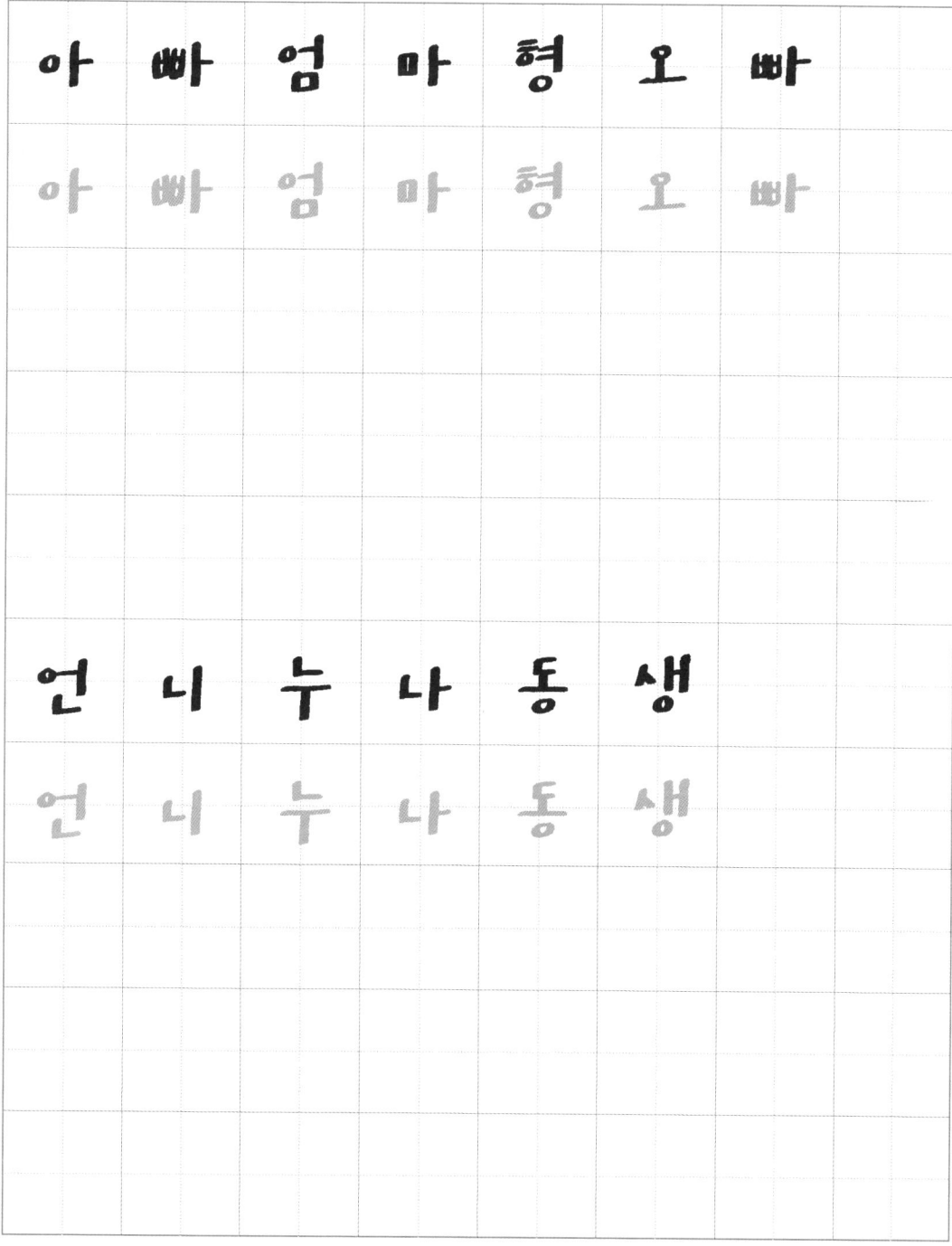

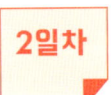 

예시된 글씨체와 똑같이 쓰지 않아도 괜찮아요.
칸의 중앙에 맞춰 쓰면서, 글씨가 작아지지 않도록 신경 쓰세요.
추천 펜 : 지그 캘리그라피 펜 TC-3100, 2.0mm

백 두 산   두 부 조 림

백 두 산   두 부 조 림

맑 음 흐 림 나 너 우 리

맑 음 흐 림 나 너 우 리

아침 점심 저녁

아침 점심 저녁

버스 지하철 택시

버스 지하철 택시

캘리그라피 손글씨

캘리그라피 손글씨

아날로그 디지털

아날로그 디지털

숫자 연습

문장 연습으로 넘어가기 전에 숫자 연습을 한번 해볼까요? 의외로 숫자 쓰기를 어려워하고 잘 못 쓰는 사람이 많습니다. 문장을 쓰다 보면 숫자를 함께 써야 하는 경우가 종종 있는데, 숫자까지 잘 써야 글씨가 전체적으로 예뻐 보입니다. 한글과 마찬가지로 칸의 중앙에 맞춰 크기를 일정하게 써보세요.

1	1						
2	2						
3	3						
4	4						
5	5						
6	6						
7	7						
8	8						
9	9						
10	10						

| **3일차** | 짧은 문장 연습 | 이제 짧은 문장을 연습하겠습니다. 글씨 크기가 들쑥날쑥하지 않도록 문장의 전체적인 균형을 확인하면서 써보세요. 우선은 글씨체보다는 칸 안에 또박또박 넣는 데 집중하며 쓰도록 합니다. |

안 녕 하 세 요

안 녕 하 세 요

만 나 서 반 갑 습 니 다

만 나 서 반 갑 습 니 다

예시된 글씨체와 똑같이 쓰지 않아도 괜찮아요.
칸의 중앙에 맞춰 쓰면서, 글씨가 작아지지 않도록 신경 쓰세요.
추천 펜 : 지그 캘리그라피 펜 TC-3100, 2.0mm

처	음	뵙	겠	습	니	다
처	음	뵙	겠	습	니	다

사	랑	해	요	고	마	워	요
사	랑	해	요	고	마	워	요

• 2주차 • 또박또박 쓰는 손글씨 연습

좋은 하루 보내세요

좋은 하루 보내세요

행복하세요

행복하세요

괜 찮 아 다 잘 될 거 야

괜 찮 아 다 잘 될 거 야

돈 워 리 비 해 피

돈 워 리 비 해 피

4일차 예시된 글씨체와 똑같이 쓰지 않아도 괜찮아요.
칸의 중앙에 맞춰 쓰면서, 글씨가 작아지지 않도록 신경 쓰세요.
추천 펜 : 지그 캘리그라피 펜 TC-3100, 2.0mm

여 행 을 떠 나 요

여 행 을 떠 나 요

수 고 했 어 오 늘 도

수 고 했 어 오 늘 도

아름다운 손글씨

아름다운 손글씨

책을 읽읍시다

책을 읽읍시다

내 마음 속에 저장

내 마음 속에 저장

감기 조심 하세요

감기 조심 하세요

생일 축하합니다

생일 축하합니다

12월 25일 월요일

12월 25일 월요일

5일차 자음이나 모음 하나만 바꿔도

지금까지는 정자체처럼 아주 기본적인 한글 서체를 쓰며 연습했습니다. 그런데 아무리 연습해도 예쁘게 쓰기 어려운 글자가 있을 수 있습니다. 그럴 때는 자음이나 모음 중 하나를 바꿔보는 것도 방법입니다. 자음과 모음을 여러 형태로 써보면 자신의 글씨체에 좀 더 자연스럽게 어울리는 걸 찾아낼 수 있어요. 먼저 제가 쓴 다양한 자음의 모양을 한번 살펴보세요.

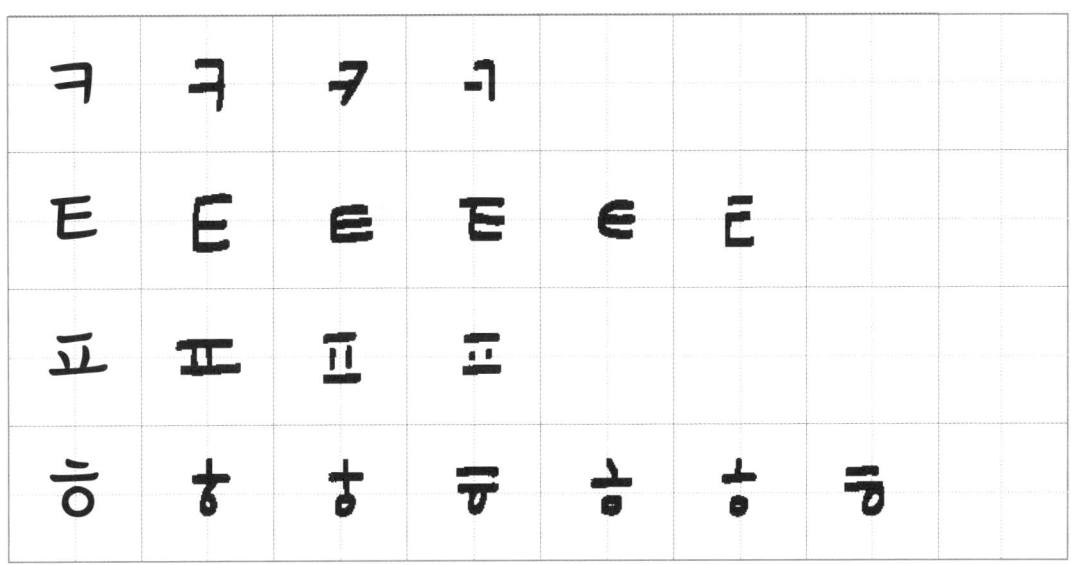

이제 자음을 앞의 예시와 똑같이 써보고, 남는 공간에는 다른 모양을 떠오르는 대로 자유롭게 채워보세요.

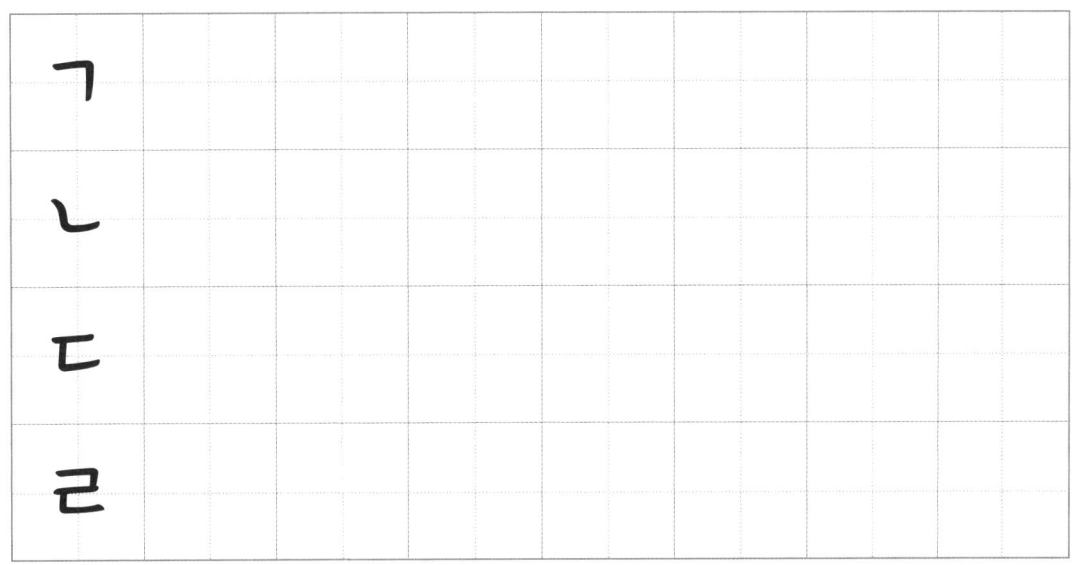

ㅁ
ㅂ
ㅅ
ㅇ
ㅈ
ㅊ
ㅋ
ㅌ
ㅍ
ㅎ

다음은 "안녕하세요"를 다양한 서체로 쓴 것입니다. 1~7까지는 ㅇ을 다양한 모양으로 쓴 것이고, 8은 모음을 명조체처럼 살짝 꺾어 내린 것, 9는 모음의 획 간격을 살짝 떨어뜨린 것, 10은 받침을 넓적하게 쓴 것입니다. 각각의 느낌을 비교하면서 오른쪽 빈칸에 똑같이 써보세요.

1	ㅇ 안녕하세요	
2	· 안녕하세요	
3	ㅇ 안녕하세요	
4	ㅇ 안녕하세요	
5	ㅇ 안녕하세요	
6	♪ 안녕하세요	
7	ㅇ 안녕하세요	
8	안녕하세요	
9	안녕하세요	
10	안녕하세요	

앞에서 연습한 것처럼 자음과 모음의 모양을 바꿔가며 다음 문장을 써보세요.
예시된 서체와 똑같이 써보기도 하고, 다양하게 변형하기도 하면서
자신에게 맞는 서체를 찾아보세요.

수고했어, 오늘도.
수고했어, 오늘도.
수고했어, 오늘도.
수고했어, 오늘도.

라면 먹고 갈래?
라면 먹고 갈래?
라면 먹고 갈래?
라면 먹고 갈래?

아침밥은 보약입니다.
아침밥은 보약입니다.
아침밥은 보약입니다.
아침밥은 보약입니다.

나도 손글씨 잘 쓰면 소원이 없겠네.
나도 손글씨 잘 쓰면 소원이 없겠네.
나도 손글씨 잘 쓰면 소원이 없겠네.
나도 손글씨 잘 쓰면 소원이 없겠네.

질문 있어요!

Q: 점자체 연습을 하고 나니 이제 좀 더 개성 있는 글씨로 캘리그라피를 하고 싶어요. 하지만 혼자 연습하려니 막막해서 다른 사람 글씨를 따라 쓰고 있는데 괜찮을까요? 아니면 저만의 글씨로 연습하는 게 더 좋을까요?

A: 특별히 교육을 받지 않고 혼자 연습하면 한계가 있을 거예요. 다른 사람의 글씨를 따라서 쓰는 것을 임서臨書라고 하는데, 많은 분이 추천하는 연습 방법입니다. 저도 상황이 여의치 않아서 독학으로 캘리그라피를 시작했는데 이 방법으로 연습했습니다. 임서의 큰 장점은 다른 사람의 글씨체를 따라 써보면서 자기 글씨의 단점을 보완할 팁을 얻을 수 있다는 것입니다. 여기서 핵심은 다른 사람의 글씨를 눈으로 보는 데 그치는 것이 아니라, 여러 번 따라 쓰는 것이죠. 다른 사람의 잘 쓴 글씨는 하루아침에 나온 것이 아니라 수많은 연습의 결과물입니다. 임서를 하면 비교적 짧은 시간을 투자해 자기 글씨의 틀을 만드는 데 도움을 얻을 수 있습니다.

또한 글씨를 잘 쓰기 위해 무엇보다 중요한 것은 자기 글씨의 장단점을 파악하는 것입니다. 그러려면 많은 양의 글씨를 다양한 방식으로 써보기도 하고(같은 글을 작게도 써보고 크게도 써보기, 가는 펜으로도 써보고 굵은 펜으로도 써보기 등), 자신이 예쁘다고 생각하는 글씨나 닮고 싶은 글씨와 비교해보는 과정도 필요합니다. 이때 임서를 해보면 자기 글씨의 특징을 자연스럽게 알아갈 수 있어요. 자기 글씨를 크게 천천히 쓰는 연습에 초점을 맞추되, 중간중간 임서도 해보기를 권합니다.

3주차.
가지런히 문장 연습

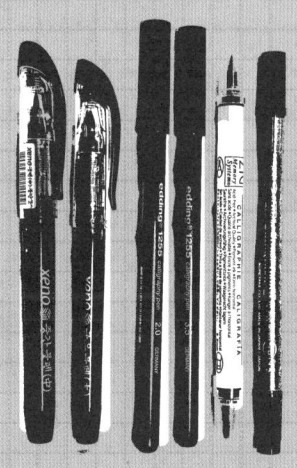

가지런히 쓰기 위해 기억해야 할 것

이번 주에는 조금 긴 문장을 연습해보겠습니다. 기준선에 맞춰 쓴 다음 칸이 없는 빈 공간에 쓰는 연습도 해볼게요. 문장은 가지런히 쓰는 것이 매우 중요합니다. 중간에 조금 마음에 안 드는 글자가 있더라도 전체적으로 가지런하면 잘 쓴 것처럼 보이기도 하지요. 가지런히 쓰기 위해 다음 세 가지를 기억하세요.

01 각각의 글자가 비슷한 크기의 공간을 가져야 합니다. 한 글자 한 글자의 모양이 직사각형보다는 정사각형이 되고 가로 폭이 비슷해야 안정감이 있습니다. 그리고 각 글자의 공간이 겹치지 않고 독립적인 것이 좋습니다.

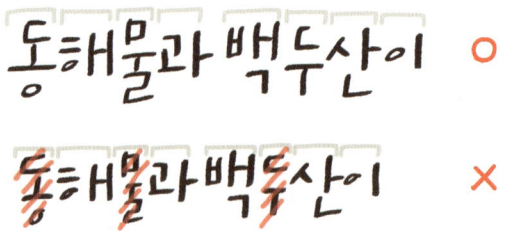

왼쪽에서 오른쪽으로 쓰는 글씨(ex. 해, 과)에 비해
위에서 아래로 쓰는 글씨(ex. 동, 물)는 가로 폭이 좁을 수밖에 없다.
그래도 가로 폭이 두 배 이상 차이 나지 않게 주의!

삐침 중심으로 위/아래 혹은 왼쪽/오른쪽의 길이가 같아야
글씨가 단정하다. 삐침 아래쪽이 너무 길면 글씨를
겹쳐 쓰기 쉬우므로 주의!

02 글자의 머리, 허리, 발을 맞춰야 합니다. 글자가 오르락내리락하지 않고 일렬로 쭉 늘어서게 써 보세요. 이때는 첫 글자를 잘 쓰는 것이 중요합니다.

머리(글씨의 맨 윗부분)
허리(글씨의 가운데, 중심이 되는 부분)
발(글씨의 아래, 바닥 부분)

경우에 따라 '머리 정렬' 또는 '발 정렬'을 할 수도 있지만, 기본은 '허리 정렬'. 제일 가지런하고 정돈된 느낌을 준다.

03 필체가 일관성이 있어야 합니다. 2주차에 다양한 모양의 자음과 모음을 써보았는데, 그중 하나를 정했으면 쭉 같은 방식으로 써야 합니다. 한 문장 안에서 ㅎ, ㅊ, ㄹ 등의 모양을 다르게 쓰면 산만해 보입니다.

자음의 스타일(·, ○ / ㄹ, ㄹ, ㄹ)이 일관성이 없으면 산만해 보인다.

문장 연습

앞서 설명한 세 가지를 기억하며 문장을 써보세요. 기준선에 글자의 머리, 허리, 발을 맞춰가며 쓰면 됩니다. 그리고 한 글자씩 집중해서 쓰되 문장 전체로 시야를 넓히는 연습도 해야 합니다. 문장이 길더라도 지치지 말고 끝까지 천천히 쓰는 것, 잊지 마세요.

띄어쓰기 공간은 글자 크기의 ½~⅓ 정도.

행복하자 우리, 아프지 말고.

글씨를 줄에 꽉 채워서 쓸 필요는 없다.
글씨의 머리/허리/발을 자로 잰 듯
정확하게 맞추지 않아도 된다.
하지만 각 글자의 크기와 간격은 잘 맞춘다.

잘 했고, 잘 하고 있고, 잘 할 거야.

잘 했고, 잘 하고 있고, 잘 할 거야.

열심히 일한 당신, 떠나라!

열심히 일한 당신, 떠나라!

즐겁게 살자, 고민하지 말고.

즐겁게 살자, 고민하지 말고.

길게 아프지 말고, 오래 행복할 것.

길게 아프지 말고, 오래 행복할 것.

피할 수 없으면 즐겨라.

피할 수 없으면 즐겨라.

모든 인연, 모든 일에 작고 하찮은 일이란 없다.

모든 인연, 모든 일에 작고 하찮은 일이란 없다.

네가 어떤 삶을 살든 나는 너를 응원할 것이다.

네가 어떤 삶을 살든 나는 너를 응원할 것이다.

인간의 욕심은 끝이 없고, 같은 실수를 반복한다.

인간의 욕심은 끝이 없고, 같은 실수를 반복한다.

고민하지 마세요. 인생에 정답이란 없습니다.

고민하지 마세요. 인생에 정답이란 없습니다.

당신의 인생은 오직 한 번뿐입니다.

당신의 인생은 오직 한 번뿐입니다.

인생은 속도가 아니라 방향이다.

인생은 속도가 아니라 방향이다.

반가워 개똥아. 엄마 아빠에게 와줘서 고마워. 사랑해.

반가워 개똥아. 엄마 아빠에게 와줘서 고마워. 사랑해.

엄마, 아빠, 힘내세요! 용돈이 있잖아요.

엄마, 아빠, 힘내세요! 용돈이 있잖아요.

늘 함께해주셔서 고맙습니다. 그리고 사랑합니다.

늘 함께해주셔서 고맙습니다. 그리고 사랑합니다.

2일차 당신의 2018년을 응원합니다.

당신의 2018년을 응원합니다.

늦었다고 생각할 때가 진짜 너무 늦었다.

늦었다고 생각할 때가 진짜 너무 늦었다.

빨리 가려면 혼자 가고, 멀리 가려면 같이 가라.

빨리 가려면 혼자 가고, 멀리 가려면 같이 가라.

익숙함에 속아 소중함을 잃지 말자.

익숙함에 속아 소중함을 잃지 말자.

스치면 인연, 스며들면 사랑.

스치면 인연, 스며들면 사랑.

오랫동안 꿈을 그리는 사람은 마침내 그 꿈을 닮아간다.

오랫동안 꿈을 그리는 사람은 마침내 그 꿈을 닮아간다.

좋은 생각이 났어, 네 생각.

좋은 생각이 났어, 네 생각.

행복. 행하면 복이 옴.

행복. 행하면 복이 옴.

사랑하는 우리 가족, 꽃길만 걷자.

사랑하는 우리 가족, 꽃길만 걷자.

당신의 꿈을 응원합니다.

당신의 꿈을 응원합니다.

메리크리스마스 & 해피뉴이어

메리크리스마스 & 해피뉴이어

기분이 저기압일 땐, 고기 앞으로 가라.

기분이 저기압일 땐, 고기 앞으로 가라.

3일차 빈 공간에 문장 연습

이제는 기준선 없이 문장을 써보겠습니다. 기준선이 있을 때처럼 글자를 가지런히 쓰고, 자간은 일정하게 띄어쓰기는 확실하게 하세요. 자간, 행간, 띄어쓰기 공간은 너무 넓거나 좁지 않아야 합니다. 띄어쓰기 공간은 글자 크기의 1/2이나 1/3 정도가 적당합니다.

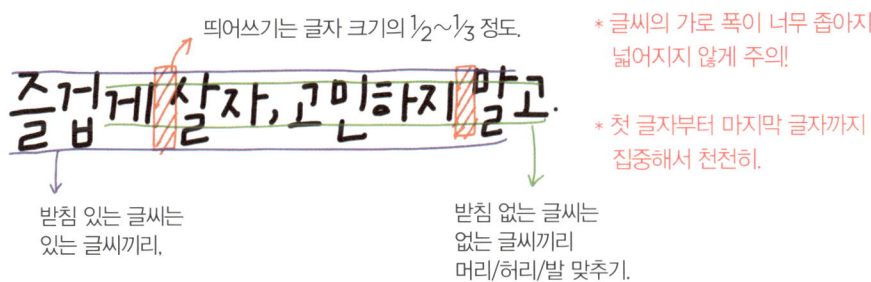

띄어쓰기는 글자 크기의 ½~⅓ 정도.

받침 있는 글씨는 있는 글씨끼리.

받침 없는 글씨는 없는 글씨끼리 머리/허리/발 맞추기.

* 글씨의 가로 폭이 너무 좁아지거나 넓어지지 않게 주의!

* 첫 글자부터 마지막 글자까지 집중해서 천천히.

잘 했고, 잘 하고 있고, 잘 할 거야.

잘 했고, 잘 하고 있고, 잘 할 거야.

열심히 일한 당신, 떠나라!

열심히 일한 당신, 떠나라!

즐겁게 살자, 고민하지 말고.

즐겁게 살자, 고민하지 말고.

길게 아프지 말고, 오래 행복할 것.

길게 아프지 말고, 오래 행복할 것.

피할 수 없으면 즐겨라.

피할 수 없으면 즐겨라.

모든 인연, 모든 일에 작고 하찮은 일이란 없다.

모든 인연, 모든 일에 작고 하찮은 일이란 없다.

네가 어떤 삶을 살든 나는 너를 응원할 것이다.

네가 어떤 삶을 살든 나는 너를 응원할 것이다.

인간의 욕심은 끝이 없고, 같은 실수를 반복한다.

인간의 욕심은 끝이 없고, 같은 실수를 반복한다.

고민하지 마세요. 인생에 정답이란 없습니다.

고민하지 마세요. 인생에 정답이란 없습니다.

당신의 인생은 오직 한 번뿐입니다.

당신의 인생은 오직 한 번뿐입니다.

인생은 속도가 아니라 방향이다.

인생은 속도가 아니라 방향이다.

반가워 개똥아. 엄마 아빠에게 와줘서 고마워. 사랑해.

반가워 개똥아. 엄마 아빠에게 와줘서 고마워. 사랑해.

엄마, 아빠, 힘내세요! 용돈이 있잖아요.

엄마, 아빠, 힘내세요! 용돈이 있잖아요.

늘 함께해주셔서 고맙습니다. 그리고 사랑합니다.

늘 함께해주셔서 고맙습니다. 그리고 사랑합니다.

4일차

당신의 2018년을 응원합니다.

당신의 2018년을 응원합니다.

늦었다고 생각할 때가 진짜 너무 늦었다.

늦었다고 생각할 때가 진짜 너무 늦었다.

빨리 가려면 혼자 가고, 멀리 가려면 같이 가라.

빨리 가려면 혼자 가고, 멀리 가려면 같이 가라.

익숙함에 속아 소중함을 잃지 말자.

익숙함에 속아 소중함을 잃지 말자.

스치면 인연, 스며들면 사랑.

스치면 인연, 스며들면 사랑.

오랫동안 꿈을 그리는 사람은 마침내 그 꿈을 닮아간다.

오랫동안 꿈을 그리는 사람은 마침내 그 꿈을 닮아간다.

좋은 생각이 났어, 네 생각.

좋은 생각이 났어, 네 생각.

행복. 행하면 복이 옴.

행복. 행하면 복이 옴.

사랑하는 우리 가족, 꽃길만 걷자.

사랑하는 우리 가족, 꽃길만 걷자.

당신의 꿈을 응원합니다.

당신의 꿈을 응원합니다.

메리크리스마스 & 해피뉴이어

메리크리스마스 & 해피뉴이어

기분이 저기압일 땐, 고기 앞으로 가라.

기분이 저기압일 땐, 고기 앞으로 가라.

5일차 레이아웃에 따른 느낌 알기

문장을 처음부터 끝까지 가지런히 쓰는 연습이 충분히 되었다면, 이번에는 문장을 다양한 레이아웃으로 써보겠습니다. 캘리그라피는 단순히 예쁜 글씨를 쓰는 것이 아니라, 글에 담긴 감정과 분위기를 잘 살려서 써야 합니다. 같은 문장이라도 문장 정렬 방법, 줄 바꿈 위치, 행간, 글씨의 굵기 조절에 따라 느낌이 확연히 달라지지요. 취향에 따라, 쓰고 싶은 문장에 따라 그때그때 선택하면 되는데, 여러 가지로 써서 비교해본 후 선택하는 것이 좋습니다.

다음은 '아름다운 손글씨, 캘리그라피'라는 문장을 여섯 가지 레이아웃으로 쓴 것입니다. ①의 위치에서 줄 바꿈 한 것과 ①과 ②의 위치에서 모두 줄 바꿈을 해서 세 줄로 쓴 경우로 나눠 보았습니다.

아름다운 ② 손글씨, ① 캘리그라피.

①의 위치에서 줄 바꿈

아름다운 손글씨, 　아름다운 손글씨, 　아름다운 손글씨,
캘리그라피.　　　캘리그라피.　　　**캘리그라피.**

①과 ②에서 모두 줄 바꿈

아름다운
손글씨,
캘리그라피.

두 줄로 쓰는 것과 세 줄로 쓰는 것 중 어느 쪽이 더 마음에 드나요? 그리고 각각의 경우에 따라 행간과 글씨 굵기를 다르게 쓴 것도 비교해보세요. 글씨 굵기를 조절할 때는 쓰고자 하는 문장을 다시 한 번 쭉 읽어본 후 어느 부분을 강조할 것인지 먼저 생각하고 구도를 짜는 것이 좋습니다. 어느 쪽이 맞거나 틀린 것은 아니므로 자신이 생각하기에 좀 더 가독성이 좋아 보이거나 전체적인 모양이 예쁜 것을 선택하면 됩니다.

단, 아래 예시처럼 받침이 있는 글씨와 없는 글씨가 만나면 행간이 어색하게 비어 보이는 경우가 있습니다. 그럴 때는 글씨 구도를 바꿔가며 자연스러운 구도를 찾아보세요.

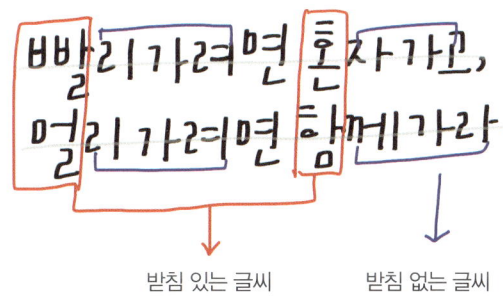

빨리 가려면 혼자 가고,
멀리 가려면 함께 가라.

빨리 가려면 혼자 가고,
멀리 가려면 함께 가라.

다음 문장들을 예시와 같이 다양한 레이아웃으로 빈 공간에 써보세요.
추천 펜: 지그 캘리그라피 펜 TC-3100, 2.0mm

오늘날씨   오늘날씨   오늘날씨
            맑음   맑음
맑음

오늘   오늘   오늘
날씨   날씨   날씨
       맑음   맑음
맑음

· 3주차 ·

가지런히 문장 연습

다음 문장들을 예시와 같이 다양한 레이아웃으로 빈 공간에 써보세요.
추천 펜: 지그 캘리그라피 펜 TC-3100, 2.0mm

비가내려요,
주르르르
주주주주룩.

비가내려요,
주르르르
주주주주룩.

비가내려요,
주르르르
주주주주룩.

비가
내려요,
주르르르
주주주주룩.

비가
내려요,
주르르르
주주주주룩.

비가
내려요,
주르르르
주주주주룩.

· 3주차 ·

가지런히 문장 연습

다음 문장들을 예시와 같이 다양한 레이아웃으로 빈 공간에 써보세요.
추천 펜: 지그 캘리그라피 펜 TC-3100, 2.0mm

만나서 반갑습니다.

만나서 반갑습니다.

만나서
반갑습니다

만나서
반갑습니다

만나서
반갑습니다

3주차 가지런히 문장 연습

질문 있어요!

Q: 작은 글씨는 잘 쓰는데 큰 글씨는 쓰기가 너무 어렵고 어색해요. 그리고 얼마나 크게 쓰며 연습해야 할지 잘 모르겠어요.

A: 대부분의 사람들이 큰 글씨보다는 작은 글씨가 익숙할 것입니다. 실생활에서 글씨를 크게 쓸 일이 거의 없고, 노트나 다이어리에 쓸 때는 가는 촉의 펜으로 작게 쓰기 때문이지요. 제가 수업을 할 때 첫 시간부터 늘 강조하는 것이 '큰 글씨로 천천히 연습하기'인데, 처음에는 크게 쓰다가 점점 원래 자신의 글씨 크기로 돌아오는 경우를 많이 봅니다. 습관이라는 것이 하루아침에 변하지 않아서이기도 하지만, 글씨를 작게 쓰면 필체의 장단점이 잘 보이지 않아서 좀 더 잘 쓴 것처럼 보이기 때문이기도 합니다. 크게 쓰면 자신의 필체 같지 않아서 어색하기도 하고 어렵기도 할 거예요. 하지만 그 어색하고 어려운 시간만 잘 넘기면 오히려 글씨를 크게 쓰는 것이 편하고 보기 좋게 느껴질 것입니다. 얼마나 크게 쓰며 연습하는 것이 좋은지에 대한 정해진 답은 없지만, 원래 글씨 크기에서 기본 4~5배는 크게 쓰는 것이 좋아요.

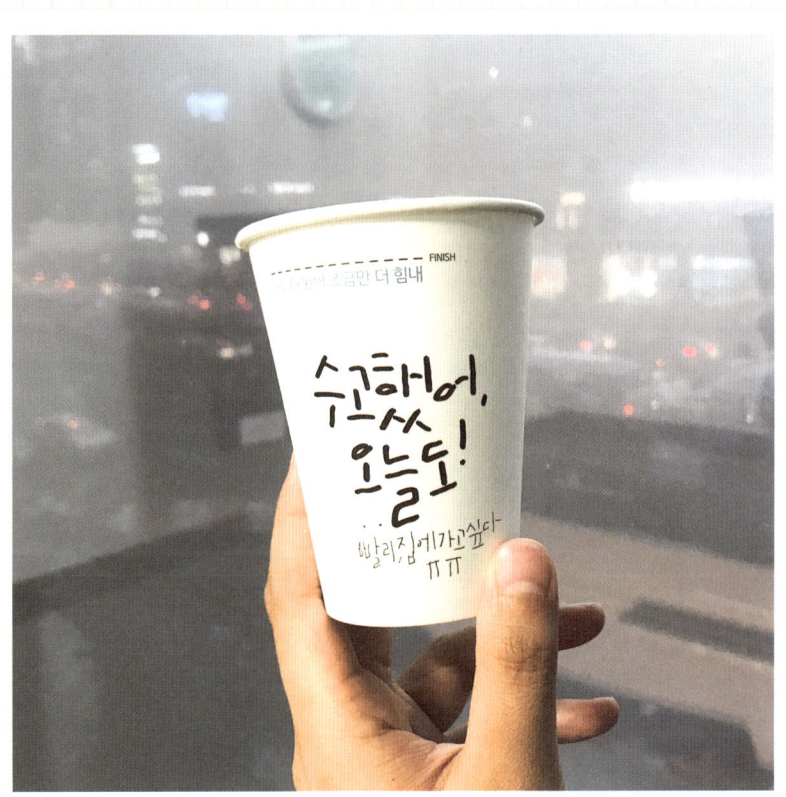

4주차.
일상 속에서 빛나는 내 글씨

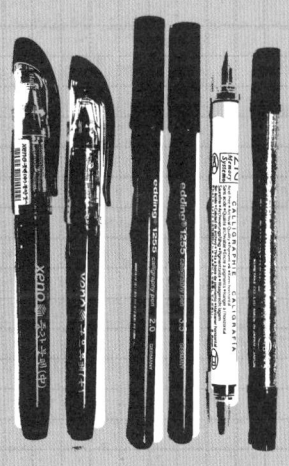

1일차 내 글씨로 캘리그라피

이제 욕심을 좀 내볼까요? 이번 주는 문장을 다양한 레이아웃으로 쓰는 연습을 좀 더 하고, 다이어리와 여행 일기를 예쁘게 쓰는 방법도 소개하겠습니다. 많은 분이 가장 궁금해하는 부분이기도 합니다. 3주차까지 꾸준히 연습했다면 어렵지 않게 할 수 있을 거예요.
캘리그라피를 너무 거창하게 생각하지 마세요. 책에 있는 제 글씨를 그대로 따라 쓰며 연습해도 좋고, 지금까지의 연습을 통해 자신의 글씨가 어느 정도 다듬어졌다면 자신만의 개성이 담긴 서체로 쓰면 더 좋습니다. 문장을 다양한 레이아웃으로 쓰는 연습을 하면 메시지 카드나 엽서, 달력 등을 손글씨로 예쁘게 꾸밀 수 있어요.

먼저 연습 종이에 문장을 끊지 말고 한 줄로 쭉 옮겨 적은 다음 어느 부분에서 줄 바꿈을 할지 정합니다. 문장이 길수록 구도도 다양하게 나오는데 귀찮더라도 하나하나 써보는 것이 좋아요. 많이 쓰면서 연습해야 구도에 대한 감을 터득할 수 있습니다.

마음에 드는 구도를 정했으면 캘리그라피를 할 종이에 연필로 가로세로 중심축을 연하게 그린 다음 최대한 가운데에 맞춰 쓴다고 생각하면서 옮겨 적어봅니다.

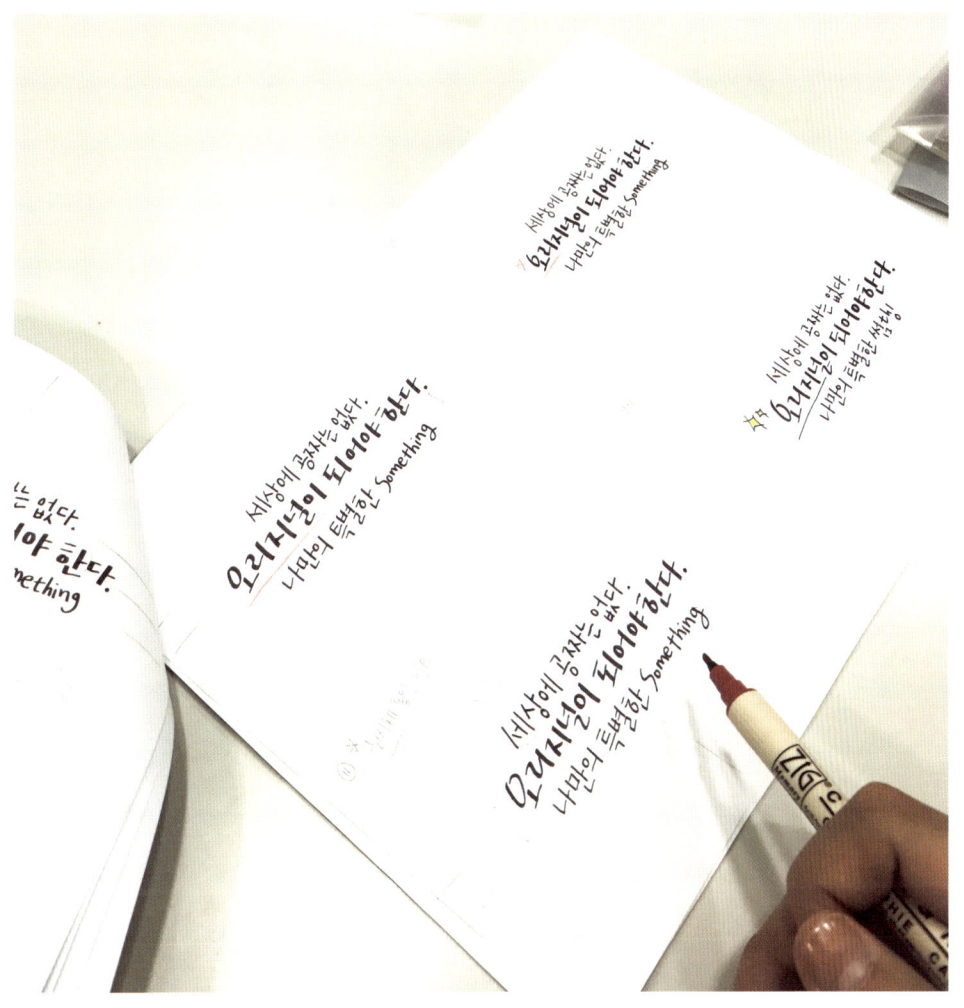

다음 문장들을 예시와 같이 중앙에 맞춰 써보세요.
예시와 똑같이 써도 되고, 다른 구도가 좋다면 오른쪽 페이지에서는 바꿔서 써보아도 좋습니다.

열심히 일한 당신,
떠나라!

열심히 일한 당신,
떠나라!

4주차

일상 속에서 빛나는 내 글씨

즐겁게 살자,
고민하지 말고.

즐겁게 살자,
고민하지 말고.

4주차 일상 속에서 빛나는 내 글씨

잘했고,
잘하고있고,
잘할거야.

잘했고,
잘하고있고,
잘할거야.

4주차

일상 속에서 빛나는 내 글씨

2일차 다음 문장들을 예시와 같이 중앙에 맞춰 써보세요.
예시와 똑같이 써도 되고, 다른 구도가 좋다면 오른쪽 페이지에서는 바꿔서 써보아도 좋습니다.

길게 아프지 말고,
오래 행복할것.

길게 아프지 말고,
오래 행복할것.

· 4주차 · 일상 속에서 빛나는 내 글씨

인생은
속도가 아니라
방향이다.

인생은
속도가 아니라
방향이다.

* 4주차 *

일상 속에서 빛나는 내 글씨

인간의 욕심은 끝이 없고,
같은 실수를 반복한다.

인간의 욕심은 끝이 없고,
같은 실수를 반복한다.

4주차 일상 속에서 빛나는 내 글씨

당신의
꿈을
응원합니다

당신의
꿈을
응원합니다

4주차. 일상 속에서 빛나는 내 글씨

3일차  다음 문장들을 예시와 같이 중앙에 맞춰 써보세요.
예시와 똑같이 써도 되고, 다른 구도가 좋다면 오른쪽 페이지에서는 바꿔서 써보아도 좋습니다.

스치면 인연,
스며들면 사랑.

스치면 인연,
스며들면 사랑.

· 4주차 · 일상 속에서 빛나는 내 글씨

오랫동안 꿈을 그리는 사람은
마침내 그 꿈을 닮아간다.

오랫동안 꿈을 그리는 사람은
마침내 그 꿈을 닮아간다.

4주차 · 일상 속에서 빛나는 내 글씨

익숙함에 속아
소중함을 잊지말자.

익숙함에 속아
소중함을 잊지말자.

4주차. 일상 속에서 빛나는 내 글씨

좋은 생각이 났어,
네 생각.

좋은 생각이 났어,
네 생각.

4주차 일상 속에서 빛나는 내 글씨

4일차 | 작은 그림으로 글씨 꾸미기

캘리그라피에 작은 그림을 더해서 포인트를 줄 수 있습니다. 글씨에 비해 너무 과하지 않게 그리는 것이 좋고, 색연필로 살짝 색을 더해도 예뻐요. 문장 정렬이 조금 비뚤어지거나 빈 곳이 생겼을 때도 작은 그림으로 균형을 맞춰줄 수 있답니다.

스치면 인연,
스며들면 사랑.

스치면 인연,
스며들면
사랑.
♡

스치면 인연,
스며들면 사랑♡

반가워 개똥아.
엄마아빠에게 와줘서
고마워. 사랑해.

반가워 개똥아.
엄마, 아빠에게 와줘서
고마워. 사랑해.
♡

당신의 2021년을
응원합니다.

당신의 2021년을
응원합니다.

다음 문장들을 예시와 같이 중앙에 맞춰 써보세요.
예시와 똑같이 써도 되고, 다른 구도가 좋다면 오른쪽 페이지에서는 바꿔서 써보아도 좋습니다.
그림도 함께 그려보세요.

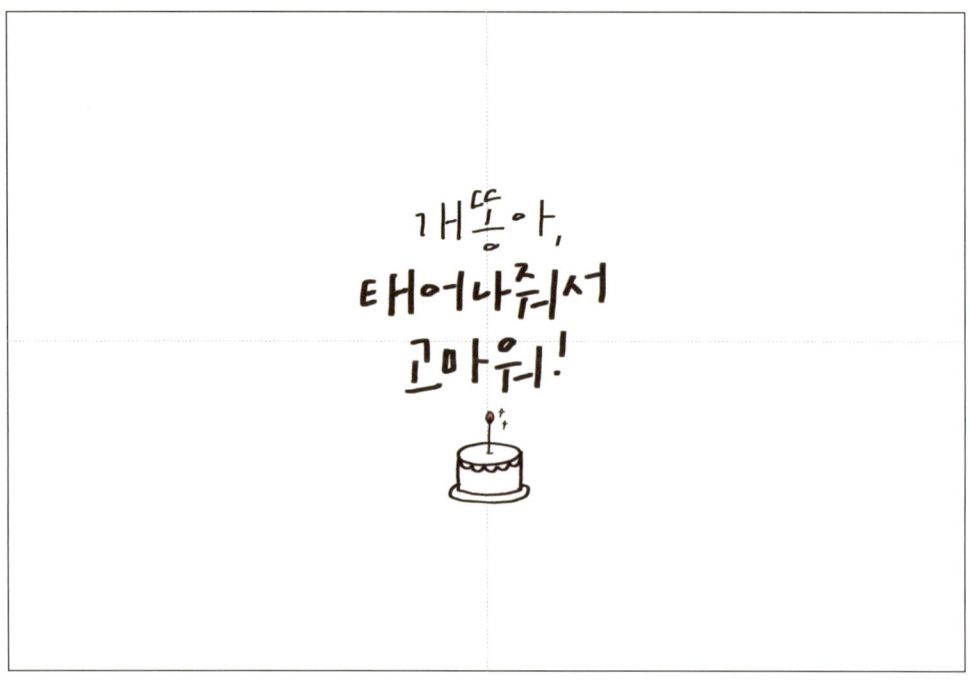

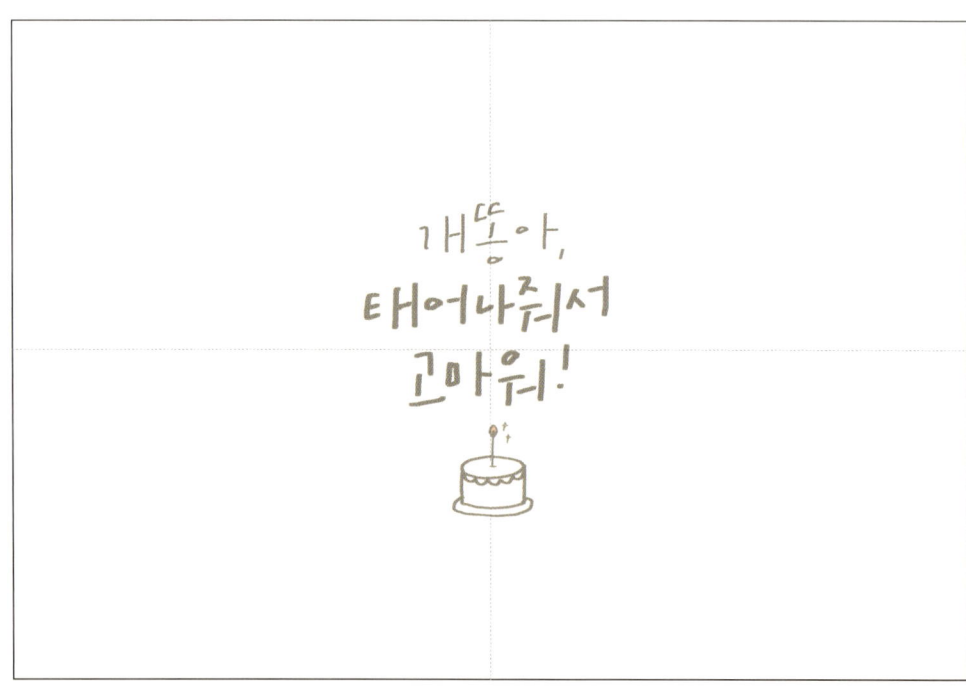

4주차 일상 속에서 빛나는 내 글씨

늘 함께해주셔서 고맙습니다.
그리고, 사랑합니다.

늘 함께해주셔서 고맙습니다.
그리고, 사랑합니다.

4주차

일상 속에서 빛나는 내 글씨

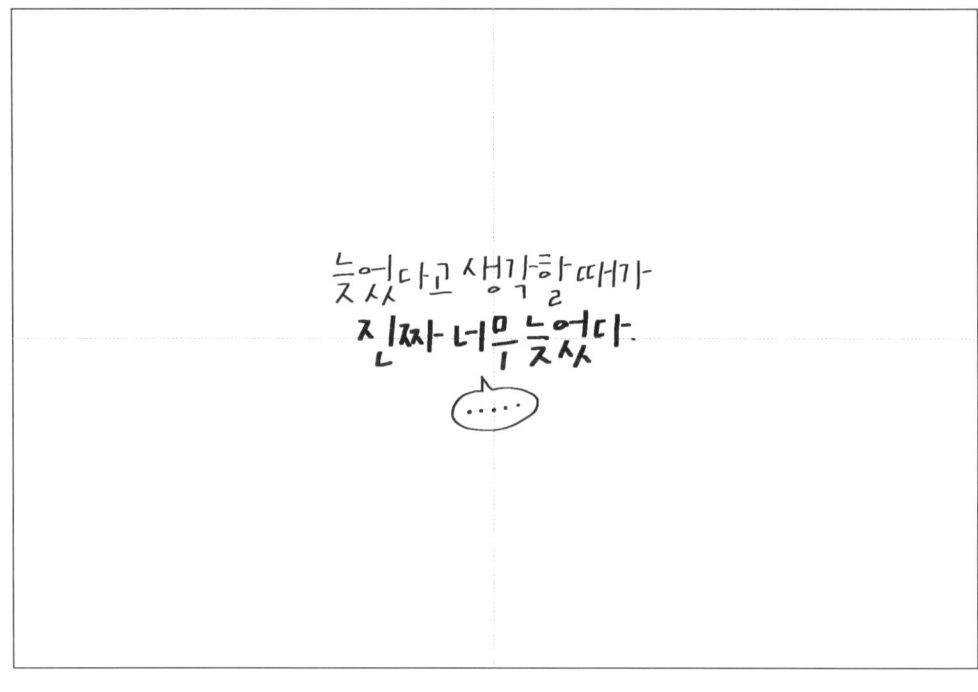
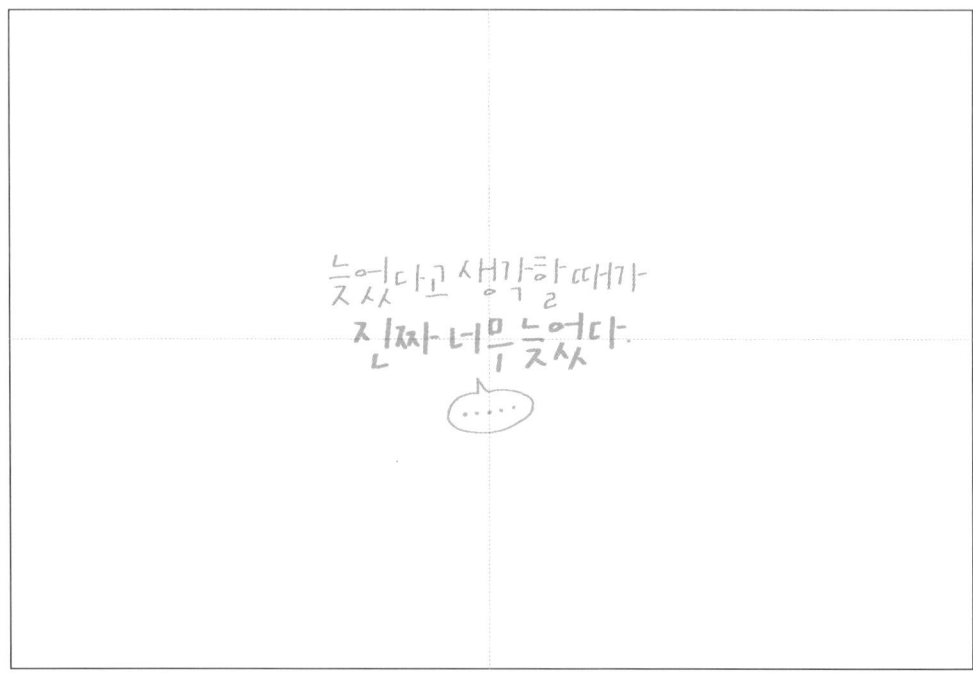

* 4주차 * 일상 속에서 빛나는 내 글씨

5일차 다음 문장들을 예시와 같이 중앙에 맞춰 써보세요.
예시와 똑같이 써도 되고, 다른 구도가 좋다면 오른쪽 페이지에서는 바꿔서 써보아도 좋습니다.
그림도 함께 그려보세요.

엄마·아빠 힘내세요!
용돈이 있잖아요~
♡

엄마·아빠 힘내세요!
용돈이 있잖아요~
♡

· 4주차 · 일상 속에서 빛나는 내 글씨

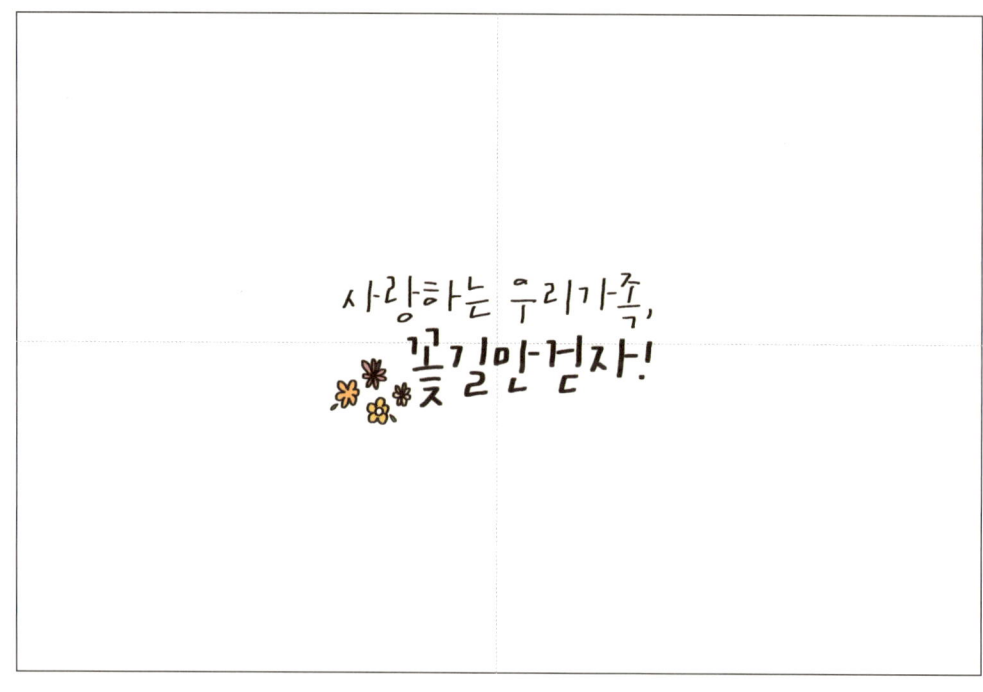

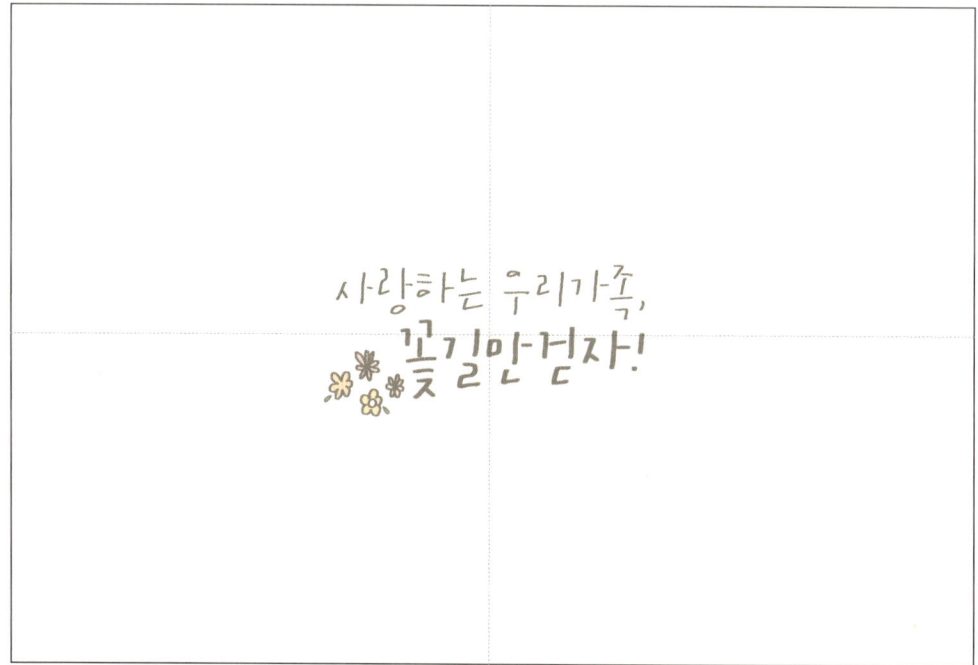

· 4주차 · 일상 속에서 빛나는 내 글씨

· 4주차 · 일상 속에서 빛나는 내 글씨

기분이 저기압일 땐,
고기앞으로 가라!

기분이 저기압일 땐,
고기앞으로 가라!

4주차 일상 속에서 빛나는 내 글씨

글씨로 마음을 전하는 방법

앞에서 연습한 손글씨를 일상에서 간단히 활용해볼까요? 친구에게 선물을 하거나 부모님께 용돈을 드릴 때, 단순히 선물 포장만 하기는 아쉽고 긴 내용의 카드를 쓰기에는 조금 부담스러울 때가 있죠. 그럴 때는 앞에서 연습한 대로 짧은 메시지를 써보세요. 제가 자주 사용하는 재료와 포장 방법을 소개합니다.

선물 봉투

크라프트지 봉투와 황색 서류봉투를 사용해서 포장했습니다. 글씨가 돋보이려면 알록달록한 포장지보다는 단순한 포장이 예뻐요. 크라프트지 봉투는 대형 마트에서 살 수 있고, 인터넷으로 구입한다면 '크라프트지 봉투' 또는 '종이봉투'로 검색하면 살 수 있습니다. 서류봉투는 일반 문구점에서도 쉽게 살 수 있으며, 마끈은 화방이나 큰 문구점에서 살 수 있습니다. 사진과 같이 간단한 메시지를 쓰고 스티커를 붙이거나 마끈으로 리본을 묶어주면 끝!

용돈 봉투

용돈은 나만의 특별한 봉투를 만들어 전달하면 받는 사람도 주는 사람도 훨씬 기분 좋은 선물이 될 수 있어요. 무늬 없는 흰 봉투를 구입해서 간단한 메시지만 적어도 되고, 그림이나 스티커 또는 종이접기를 해서 꾸밀 수 있습니다. 단, 두께감 있는 봉투를 선택해야 글씨를 쓰기에 편하고 내용물도 비치지 않아 좋아요. 봉투는 대형 마트나 문구점에서 구입할 수 있습니다. 사진에 있는 카네이션은 인터넷에서 '카네이션 종이접기'라고 검색하면 접는 방법을 쉽게 찾아볼 수 있습니다.

메시지 종이컵

캘리그라피는 꼭 고급스럽고 좋은 종이에만 할 필요는 없습니다. 주위 물건들을 잘 살펴보고 활용을 잘 하면 어떤 것이든 멋진 작품으로 완성할 수 있어요. 주변에서 쉽게 볼 수 있는 종이컵도 좋은 소재입니다. 커피 테이크아웃 잔이나 작은 종이컵에 간단한 메시지를 적어보세요.

예쁜 글씨로 채우는 일상의 기록, 다이어리

저에게 다이어리는 필수 아이템입니다. 어릴 때는 끄적끄적 낙서하고 싶은 마음에 별생각 없이 썼다면, 지금은 프리랜서로 일하고 있기 때문에 효율적인 일정 관리가 필요해서 쓰고 있어요. 스마트폰 캘린더에 기록하면 따로 노트나 다이어리를 챙길 필요 없이 간편하게 일정 관리를 할 수 있겠지만, 종이에 쓰면서 일정을 확인하고 정리하는 것이 저에게는 더 편리하고 머릿속에 오래 남습니다. 그렇게 한 달 두 달 채우고 보면 뿌듯함도 느껴지고, 그동안 제가 무엇을 하고 지냈는지가 한눈에 파악되는 점이 가장 좋습니다.

보기 좋은 다이어리를 쓸 때의 중요한 점 역시 '가독성'입니다. 깔끔하면서 일정을 한눈에 파악할 수 있는지 여부가 다이어리 기록의 핵심이라고 생각해요. 다이어리를 쓰는 순서를 소개하겠습니다. 저는 보통 만년 다이어리를 사용하기 때문에 먼저 해당 월과 날짜를 직접 쓰는데, 날짜형 다이어리를 사용한다면 그 과정은 필요 없겠죠. 날짜를 모두 채웠으면 공휴일이나 기념일 등 변동 가능성이 없거나 적은 일정부터 기록합니다. 그런 다음 일주일 단위로 해야 할 일, 약속 등을 기록합니다. 한 달 치 일정을 세세하게 미리 적어놓으면 일정이 변경되거나 취소되었을 때 수정하기가 번거로울 수 있기 때문입니다.

그날의 일을 기록할 때는 쓰기 전에 하루 일과를 머릿속으로 정리해본 다음 무엇을 기록하고 어떻게 쓸 것인지 생각합니다. 굳이 이렇게까지 해야 하나 싶을 수도 있겠지만 하루에 몇 분만 정성 들여 쓰기 시작하면 분명 즐거움을 느낄 수 있을 것입니다. 기록할 때는 글씨만 빼곡하게 적는 것보다 중간중간에 내용과 어울리는 간단한 그림을 그려주면 좋아요. 146쪽에 있는 '다이어리 그림 예시'를 참고하세요. 또한 색을 사용할 때는 연한 색상을 선택해야 가독성을 방해하지 않습니다.

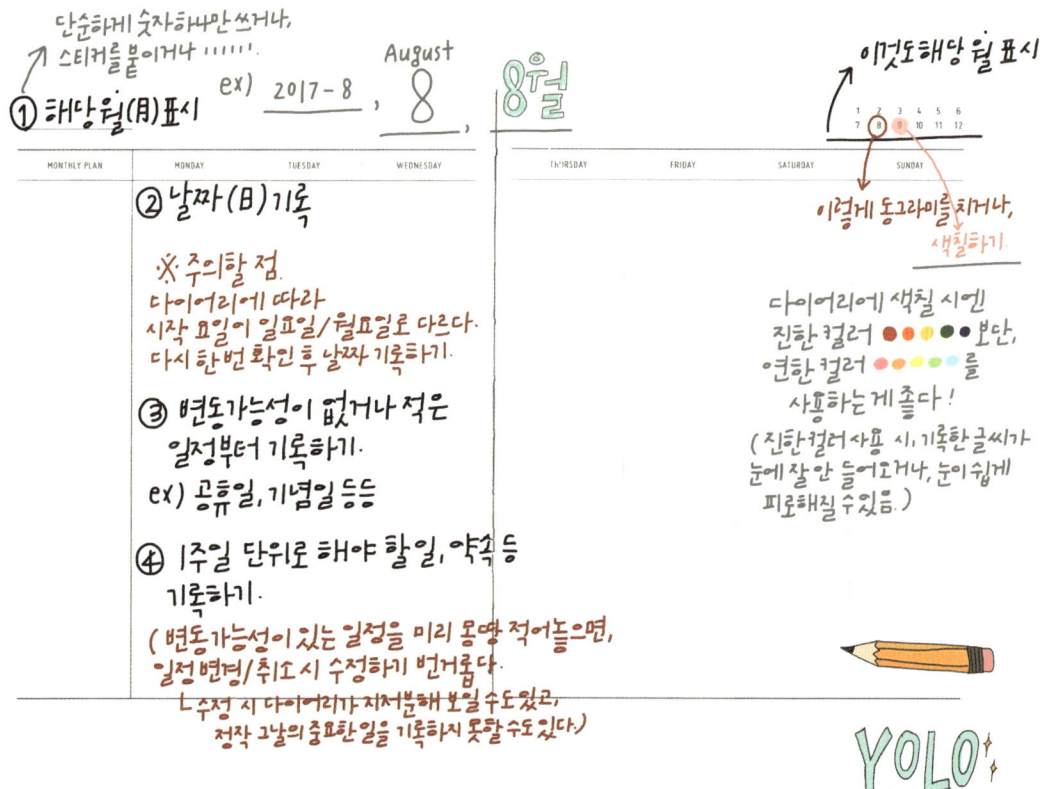

다이어리를 꽉꽉 채워 쓰고 싶은데
쓸 내용이 없을 때는 자주 가는 쇼핑몰의
SALE 기간 같은 것들을 적어도 좋아요 :)

연필로
March
쓴 후,
↓
March
테두리를 그리고
↓
March
연필 자국을 지운 후
↓
March
채색.

빈칸 메우기용
마스킹테이프

빈칸 메꾸기용
스티커

☐ 오늘의 할 일 (어쩌구~저쩌구)
→ ☑ 오늘의 할 일 (어쩌구~저쩌구) (완료)

다이어리 그림 예시

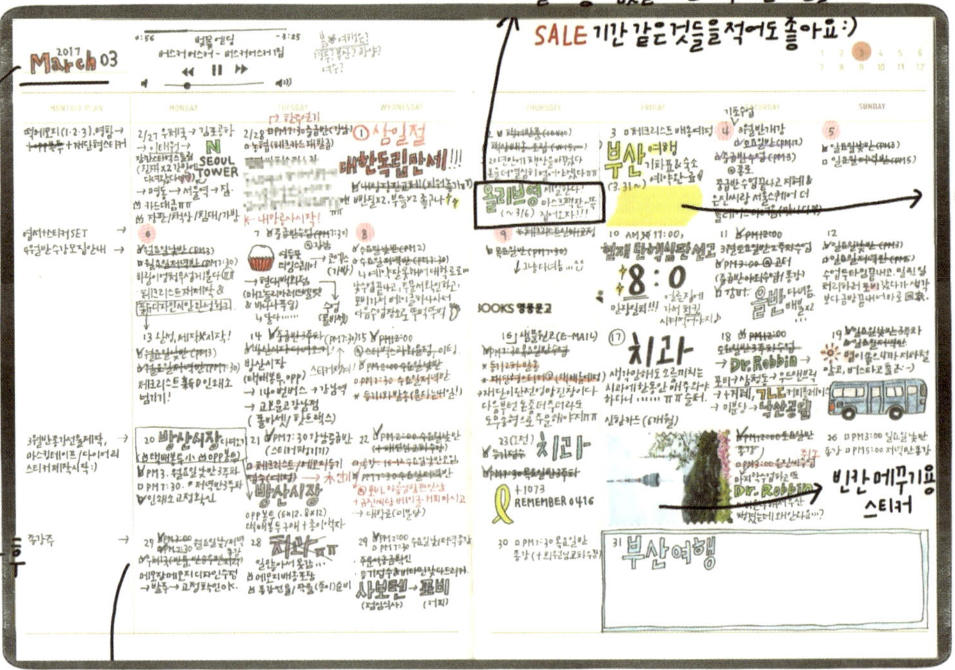

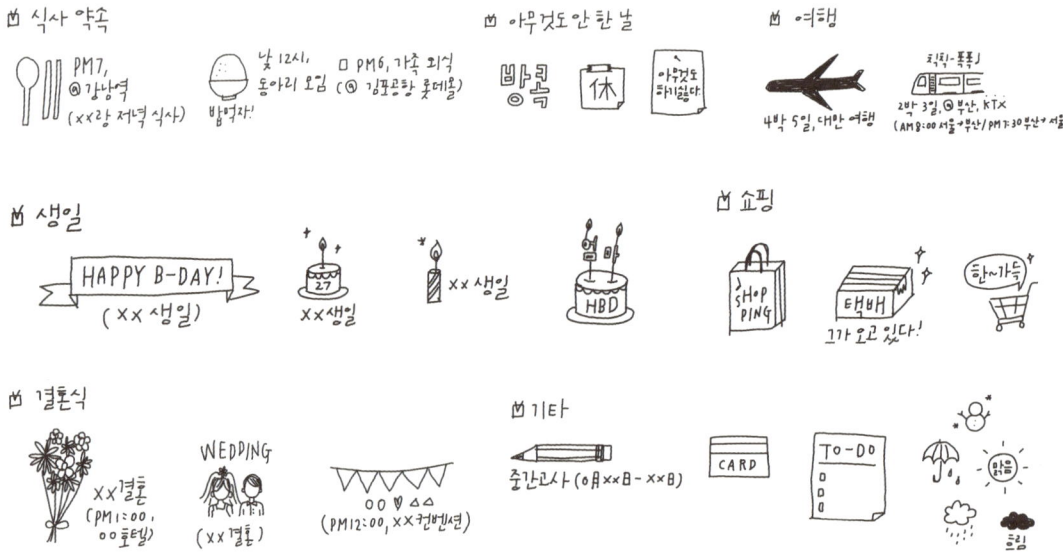

다이어리 쓰기의 유용한 팁

01 그림에 영 자신이 없다면 큰 글씨와 작은 글씨를 섞어서 써보세요. 작은 글씨로만 빼곡하게 기록하면 주요 일정이 눈에 잘 들어오지 않아요. 강조하고 싶은 단어를 크게 쓰거나, 기록할 일이 별로 없는 날은 큰 글씨로 써도 좋습니다.

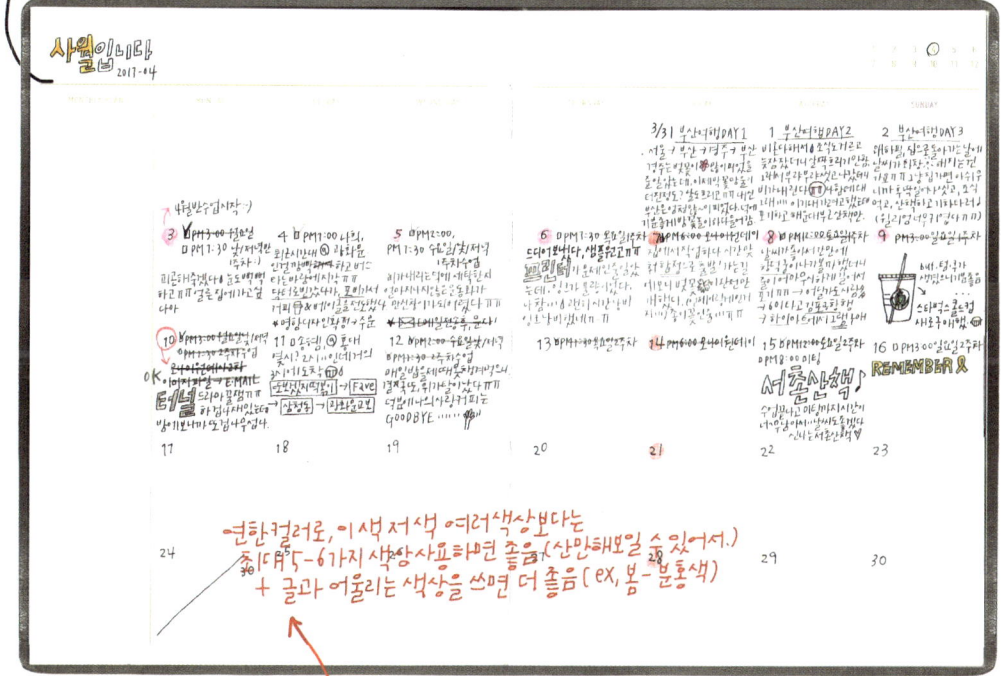

02 너무 굵거나 색이 진한 펜을 사용하면 지저분해 보이거나 눈이 피로해질 수 있습니다. 그리고 검은색이나 회색 등 무채색을 기본으로 그때그때 어울리는 색상을 5~6가지 이내로 사용하는 것이 좋아요. 꾸밀 때는 사인펜이나 잉크 펜보다는 연한 색상의 색연필을 사용하길 권합니다.

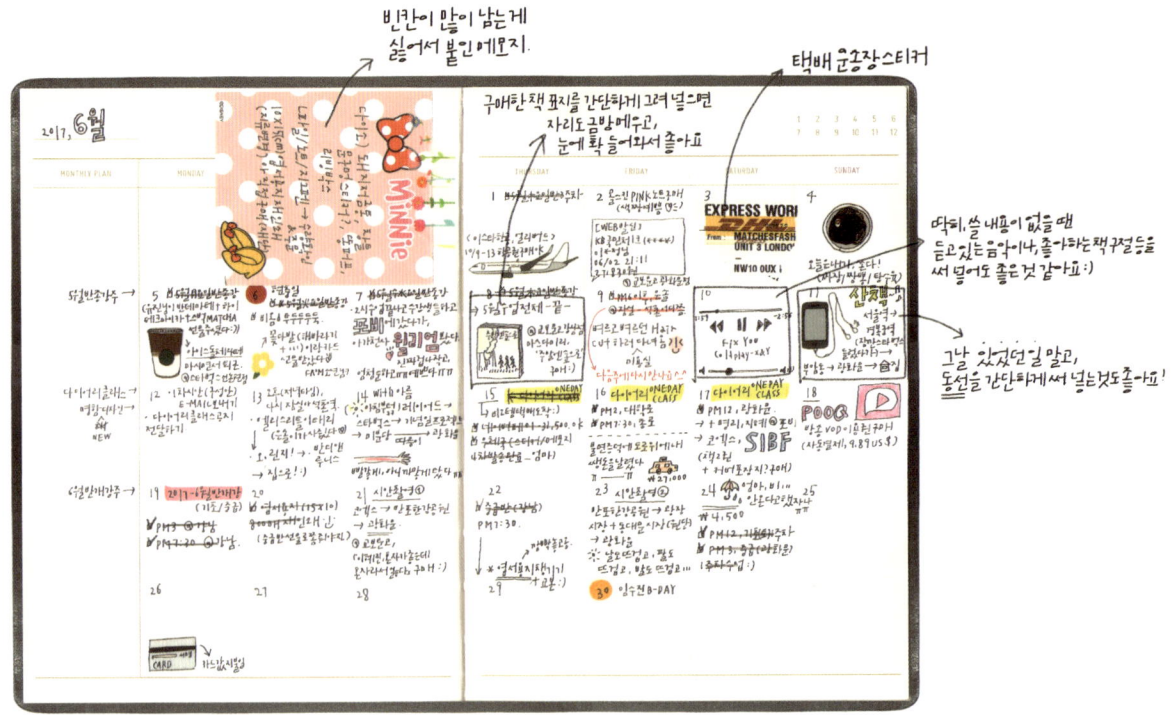

03 며칠을 미뤘다가 쓸 때는 휴대 전화로 찍어둔 사진이나 친구와의 대화 내용, 카드 결제 내역 문자 등을 확인해보세요. 그렇게 해도 쓸 내용이 없을 때는 스티커나 마스킹테이프, 영수증, 메모지 등을 붙여도 좋아요.

04 일정이 바뀌거나 잘못 쓴 경우에는 다음 페이지에 새로 기록을 시작하거나, 종이를 잘라서 붙여 쓰거나 메모지나 영수증을 덧붙여 가리는 방법이 있습니다. 저는 새 페이지에 다시 쓰는 경우, 앞 페이지에서 마음에 드는 부분은 복사해서 자른 후 붙이기도 합니다.

앞의 다이어리 복사해서 자른 후 붙이기.

Q. 다이어리를 빈칸 없이 잘 채우고 싶은데, 뭘 했는지 기억이 안 날 때는…?
A. 1) 휴대전화 사진첩, 2) 카톡 대화 내용, 3) 카드 지출 내역(문자)을 확인해보면 돼요 :)

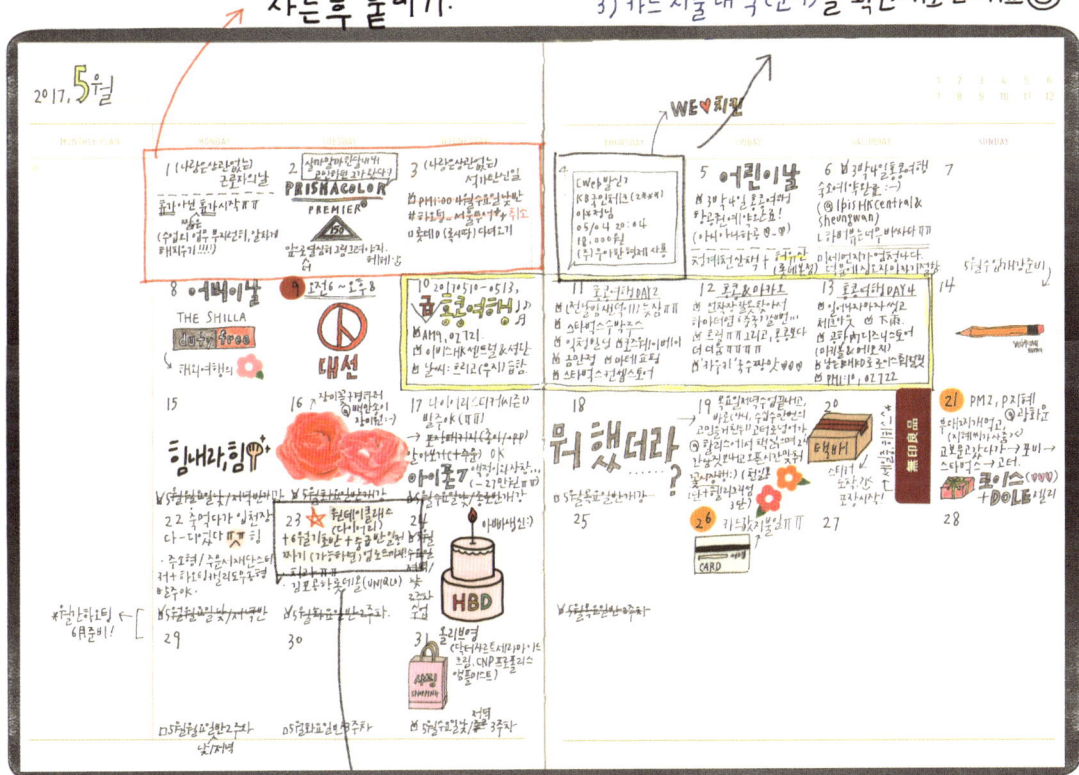

① 형광펜 먼저 칠하고 → ② 끄적끄적 형광펜이 마른 뒤 펜으로 글씨 쓰기. ⇒ 그래야 번짐 없이 깔끔하게 기록할 수 있어요!

그리 집에 있어, 그만 사 :)

4주차. 일상 속에서 빛나는 내 글씨

추억이 고스란히 담긴 나만의 여행 노트

어릴 때부터 워낙 뭐든 끄적이는 걸 좋아해서 여행을 가서도 자연스럽게 여행 코스나 감상 등을 기록하곤 했습니다. 여행 가면 남는 건 사진뿐이라는 말도 있지만, 저는 사진만으로는 아쉬움을 느꼈어요. 사진으로 다 담지 못하는 것들을 짧게라도 글로 써두면 여행지에 대한 느낌을 더 생생하게 기억할 수 있습니다. 여행 코스는 다른 사람에게 추천하거나 다음에 다시 갈 때 좋은 참고 자료가 되기도 하지요.

SNS를 통해 "저도 여행 노트를 써보려고 하는데, 어떻게 쓰면 되나요?"라는 질문을 받곤 하는데, 누구든 가장 먼저 할 일은 '나만의 여행 노트를 쓰는 목적'을 세우는 것입니다. '남들 쓴 것을 보니 예쁘고 좋은 것 같아서'라는 단순한 이유보다는, 일상을 기록하는 습관을 들이기 위해서라든지 사진만 남기는 여행이 아쉬워서라든지 자신만의 목적이 있어야 꾸준히 잘 쓸 수 있어요. 그리고 전반적인 여행 일정을 굵직하게 기록할 것인지, 여행지에서 생긴 에피소드나 순간순간의 감정 위주로 기록할 것인지도 미리 정해두면 좋습니다.

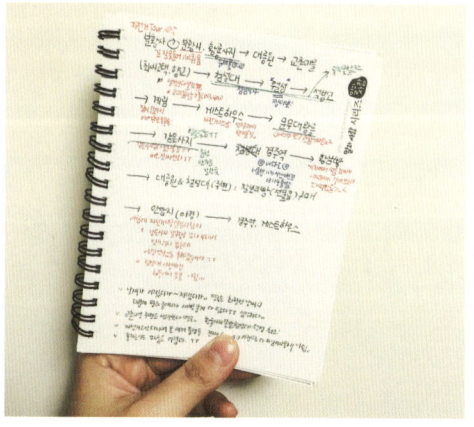

저는 여행 노트를 쓸 때 여행지에서의 일들뿐만 아니라 여행을 계획하고 준비하는 순간부터 기록합니다. 몇 박 며칠로 갈 것인지, 어떤 가방을 들고 갈 것인지, 준비물 체크리스트도 써두면 중요한 짐을 빠뜨리지 않을 수 있지요. 교통편과 출발 시각, 도착 시각, 숙소 주소와 연락처도 써두면 유용합니다. 여행지에서 갑자기 스마트폰이 방전되었을 때 써두길 정말 잘했다는 생각을 한 적이 있어요. 여행지에서는 방문한 곳과 식사한 곳, 메뉴, 중간중간에 생기는 소소한 에피소드도 기록하는 편입니다. 여행지에서 생기는 영수증, 쿠폰, 입장권 등을 버리지 않고 모아두면 지출 내역도 확인할 수 있고, 여행 노트에 붙여 꾸밀 수도 있습니다.

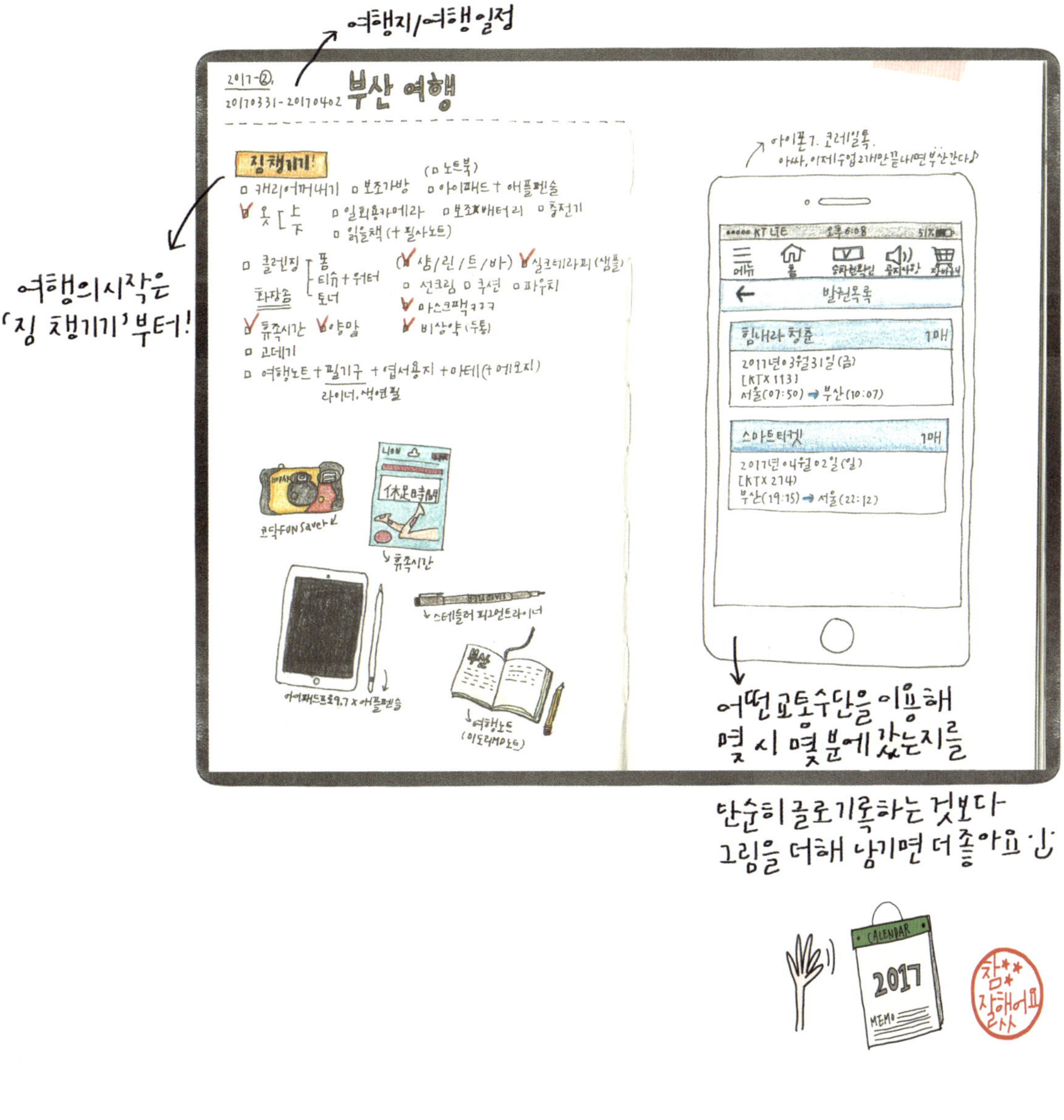

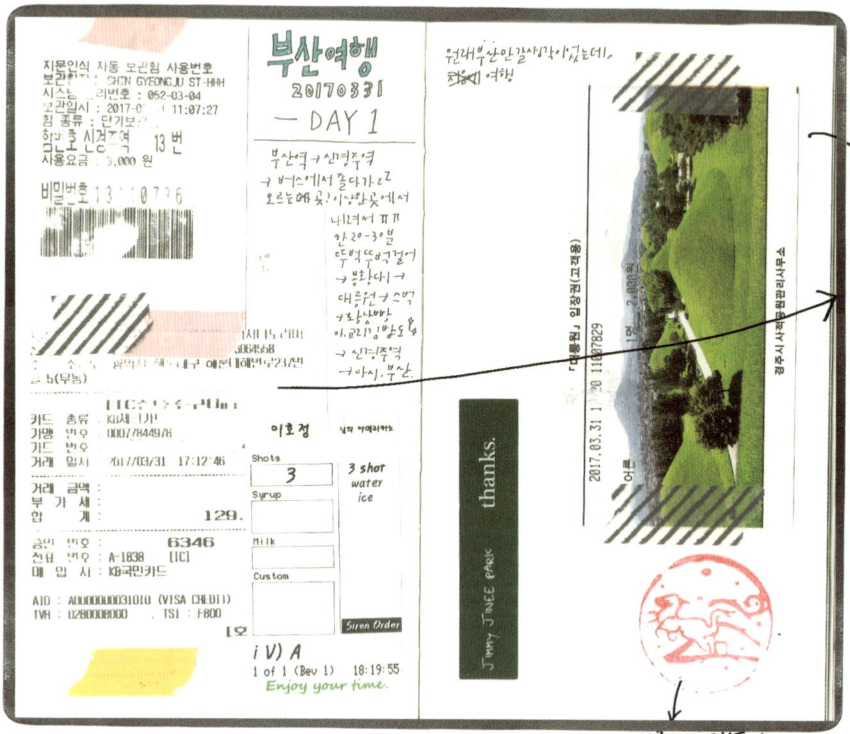

부산여행
20170331
— DAY 1

- 부산역→신경주역
- 버스에서 졸다가ㅋㅋ
- 오른쪽 옆 아저씨 잘 못 탄
- 내려서 ㅠㅠ
- 한 20~30분
- 터덕터덕 걸어감
- 대릉원 + 스벅
- + 황남빵
- + 바다
- 아, 그립 내 바다.
- 신경주역
- + 다시, 부산.

원래 부산만 갈 생각이였는데,
함께 여행!

영수증이나 입장권 같은 것들은
따로 모아서 보관해두는 것보단
여행 노트에 붙여놓으면
지출 내역이나 이동 동선이
자연스럽게 파악돼서 좋아요.

대릉원 스탬프:)

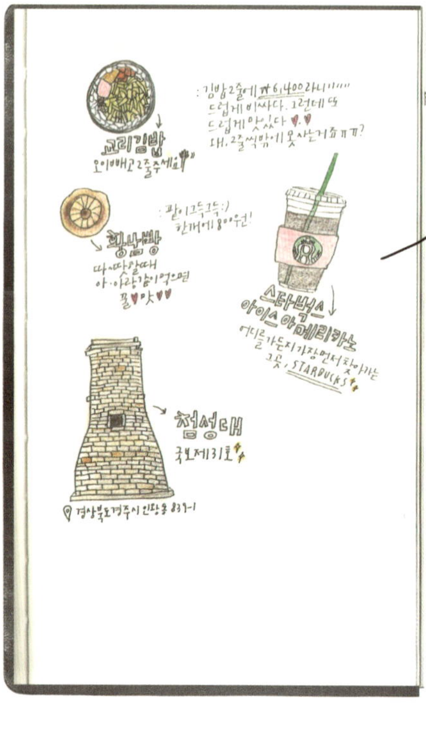

- 교리김밥
  오이 빼고 2줄 주세요♡
- 황남빵
  따뜻할 때
  아이스 아메리카노랑 먹으면
  꿀맛♡
- 스타벅스
  아이스 아메리카노
  어디를 가든지 기점이자 찾아가는
  곳, STARBUCKS.
- 첨성대
  국보제31호
  ·경상북도 경주시 인왕동 839-1

김밥 2줄에 ₩6,400이라니!!!!!
드립게 싸다. 그런데 딱
드립게 맛있다 ♥♥
대.2줄밖에 못 사는 걸까까?

그날그날,
여행지에서
보고 먹은 것들을
기록해도 좋아요!
(그림과 함께라면
더더욱.)

아무것도
하기싫다.

여행 노트 쓰기의 유용한 팁

01 계획 없이 갑자기 떠나는 여행이라면 비행기나 기차 등을 타고 가는 동안 책이나 인터넷을 보며 가고 싶은 곳을 쭉 적어보세요. 그다음 동선을 생각해서 순서를 정해보기도 하고, 다녀온 후에는 간단히 체크를 해둡니다.

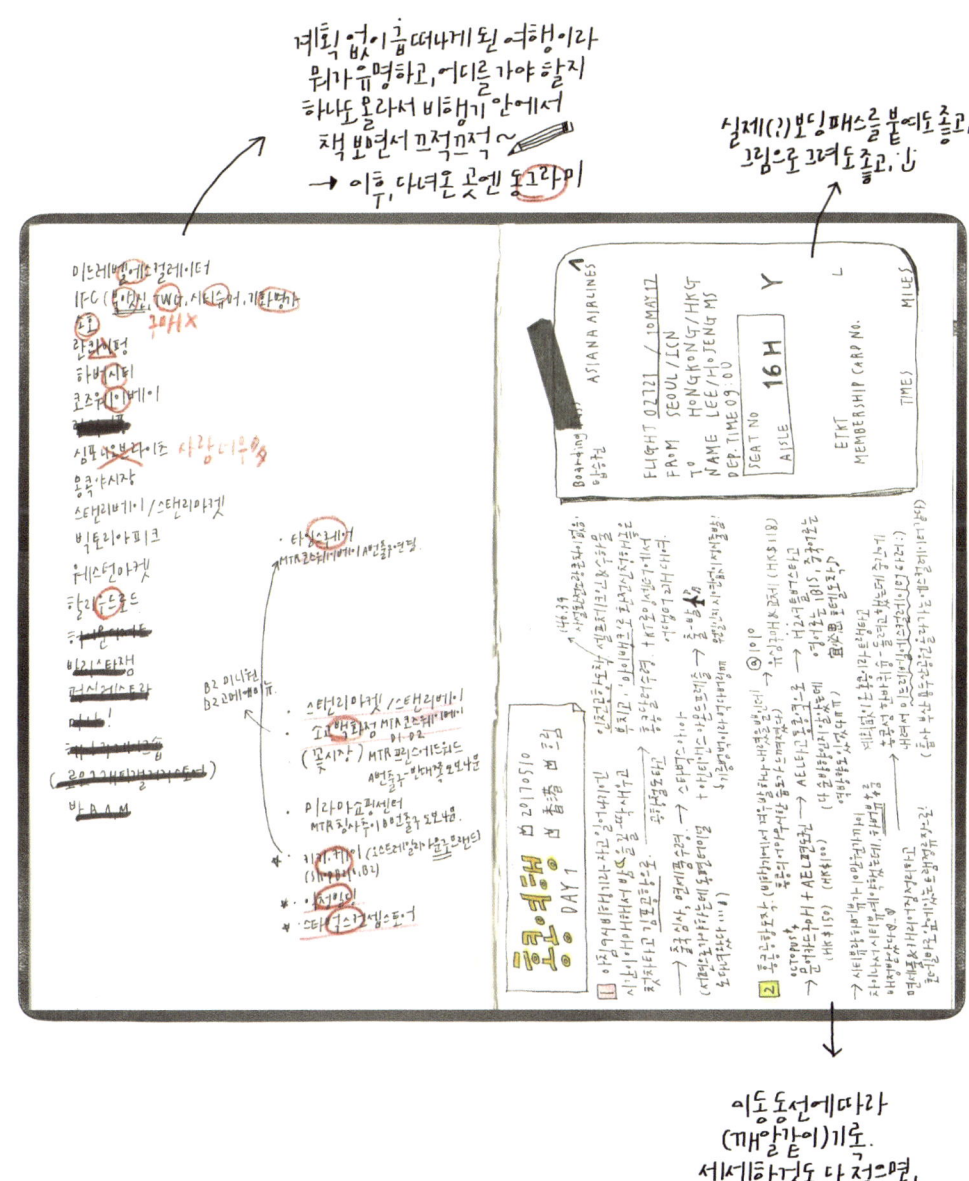

02 여행 중에 특히 감명 깊었던 장소나 먹거리 등은 새로운 페이지에 따로 기록해둡니다. 간단히 그림으로 그려두면 여행지의 특징이 눈에 띄게 표현됩니다.

여행 중에 특히 -
감명깊었던 장소/먹거리나
특징(?) 같은 것들은 따로 기록해두기.

YOU MAKE
ME SMILE

제주도 여행 노트 예시

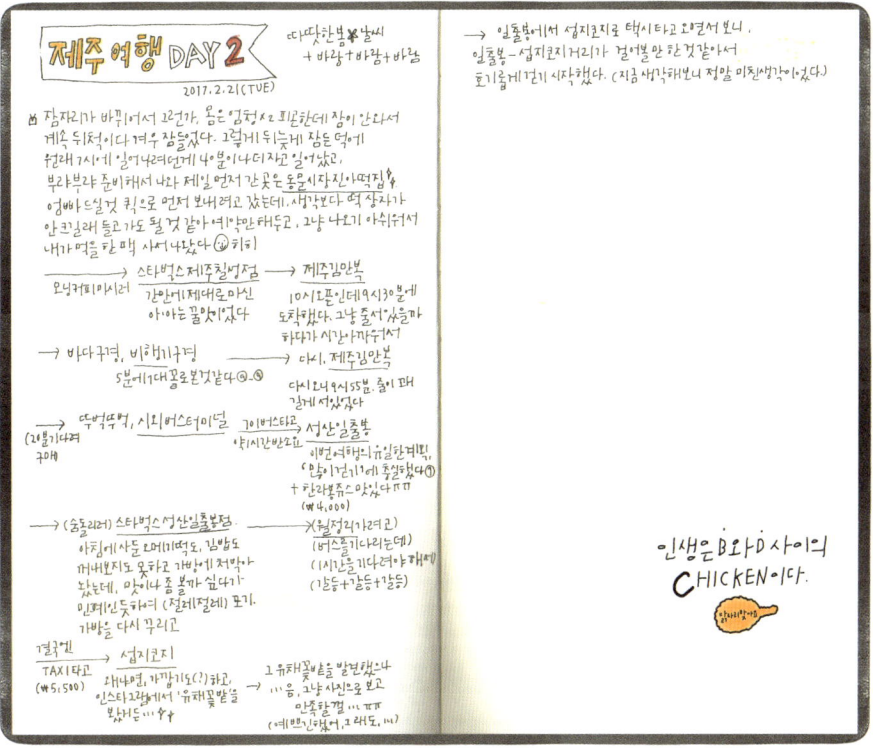

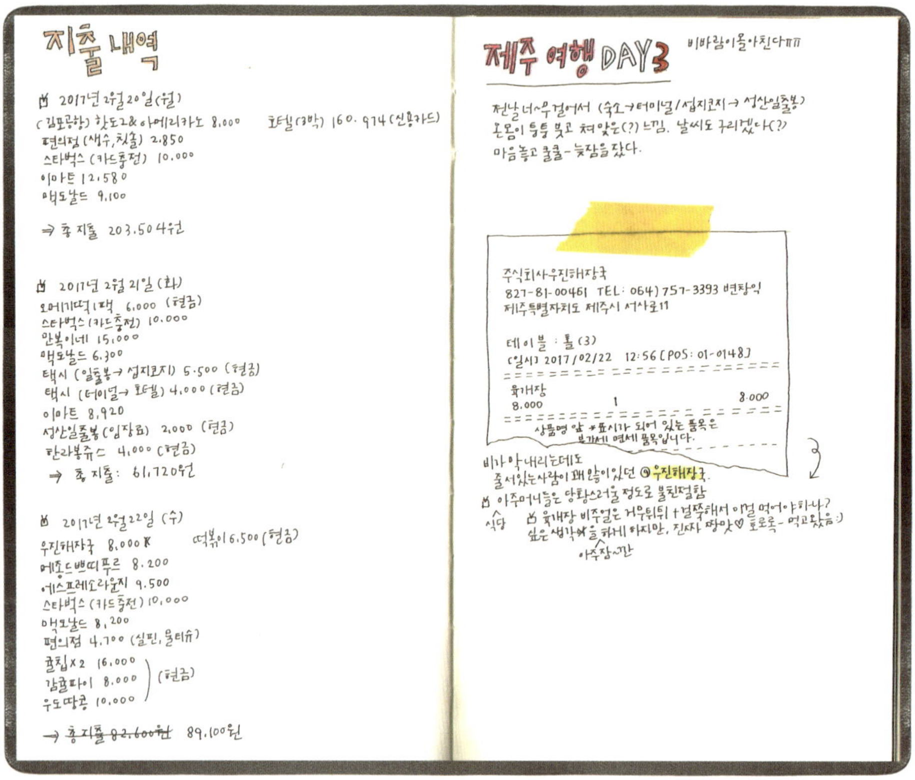

지출 내역

📅 2017년 2월 20일 (월)
김포공항 찬도그&아메리카노 8,000
(편의점 (생수, 치설) 2,850   호텔(3박) 160,974 (신용카드)
스타벅스 (카드충전) 10,000
이마트 12,580
맥도날드 9,100

→ 총 지출: 203,504원

📅 2017년 2월 21일 (화)
오메기떡 (1팩) 6,000 (현금)
스타벅스 (카드충전) 10,000
안복이네 15,000
맥도날드 6,300
택시 (일출봉→섭지코지) 5,500 (현금)
택시 (터미널→호텔) 4,000 (현금)
이마트 8,920
성산일출봉 (입장료) 2,000 (현금)
한라봉쥬스 4,000 (현금)

→ 총 지출: 61,720원

📅 2017년 2월 22일 (수)
우진해장국 8,000 K   떡볶이 6,500 (현금)
에이드앤띠푸르 8,200
에스프레오란지 9,500
스타벅스 (카드충전) 10,000
맥도날드 8,200
편의점 4,700 (설빈, 물티슈)
콘칩 x2 6,000   (현금)
감귤파이 8,000
주도딱만 10,000

→ 총 지출 82,600원 89,100원

제주 여행 DAY3

바람이 불어친다ㅠㅠ

전날 너무 걸어서 <숙소→터미널/섭지코지 → 성산일출봉>
온몸이 퉁퉁 못고 처앉는(?) 느낌. 날씨도 구리겠다(?)
마음 놓고 쿨쿨~ 늦잠을 잤다.

주식회사우진해장국
827-81-00461 TEL: 064) 757-3393 변창식
제주특별자치도 제주시 서사로 11
테이블: 홀(3)
[일시] 2017/02/22 12:56 [POS: 01-0148]

육개장
8,000   1   8,000

상품명 ★표시가 되어 있는 품목은
부가세 면세에 해당됩니다.

비바람이 내리는데에도
줄서있는사람이 꽤 많을이있던 ⓜ 우진해장국.
식사 ⓜ 아주어른들은 알탕스러울 정도로 뜨끈덥덥
ⓜ 육개장 비주얼은 거무튀튀+별특해서 이걸 먹어야하나싶
없는 생각에 들켰게 하지만, 진짜 땡맛❤ 뽀로로 먹고갔음
아주잘간

제주 여행 DAY4
마지막날

위아설지 한~참을 고민해봐
결론은 '아이스 아메리카노' 🍵

CAFFÈ PASCUCCI
세주공항1호 파스쿠찌(직)
616-85-31533 Tel:0647448497 최석원
제주 제주시 공항로2 2F
POS:01 (김민규) 2017-02-23 10:50:09

기쁨을 드리는 카페 파스쿠찌입니다.

ITEM   QTY D/C   AMT
아이스 아메리카노 1   0   4,000

              과세금액   3,636
              부 가 세   364

총매출액   4,000
합계금액   4,000
받은돈   4,000
        [카   드]   4,000

ASIANA AIRLINES
이호정
1/10KG
SEOUL GIMPO INTL
김포
GMP OZ8914 23FEB

0   OZ

출발지 From   도착지 To
제주 → 김포
JEJU   GIMPO

편명 Flight No.   Date(Y-M-D)
OZ8914   2017-02-23

10시쯤 도착했는데도 줄이 꽤
길게있었다.
셀 예약해둘 잘했다
숙소(체크아웃) → 동문시장 (진아떡집) → 공항
          (대기만가시러)

엔제정에서 무인가사고
고나가면호텔로는 기쁨이
우진도하나살아도 하긴
실행었었다... 아쉽다ㅠㅠ

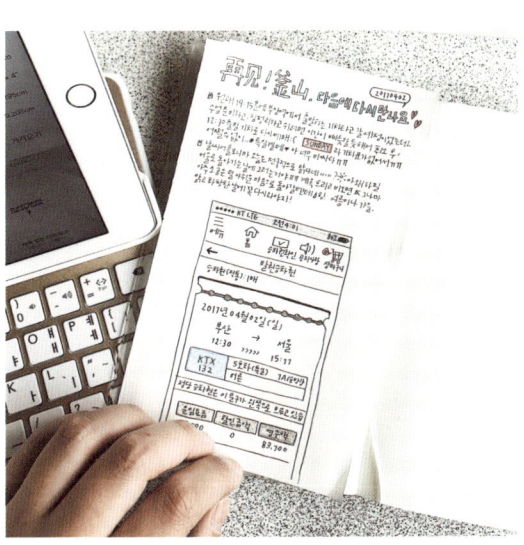

질문 있어요!

Q: 외출 또는 여행할 때 어떤 필기구를 가지고 다니나요?

A: 필통 하나에 가장 자주 쓰는 필기구와 색연필 몇 개를 넣어서 가지고 다닙니다. 사진에 있는 것처럼 '하이테크 C 마이카', '스테들러 피그먼트 라이너', '지그 캘리그라피 펜'은 가장 자주 쓰기도 하고 오래 사용하고 있는 기본 펜이에요. 그중에서도 딱 하나만 챙긴다면 '스테들러 피그먼트 라이너'입니다. 너무 진하지 않은 검정 색상에 피그먼트 잉크라 번짐도 거의 없고 심이 튼튼하며 가늘게 쓸 수 있어 좋습니다.

노트는 여행지에서 부담 없이 쓸 수 있도록 휴대성이 좋되 너무 비싼 것은 피하는 편이에요. 그리고 줄이 있는 노트는 갑갑한 느낌이 들고 중간중간 그림 그리기가 불편해서 무선 노트를 사용합니다. 저처럼 페이지마다 개성을 살리고 싶다면 무선 노트, 깔끔하게 기록하고 싶다면 유선 노트나 격자무늬 노트를 선택하면 됩니다. 참고로 제가 지금 쓰고 있는 노트는 '미도리 MD노트(M)'와 '몰스킨(plain)'입니다. 다른 노트보다 조금 비싸고 종이가 얇은 편이지만 튼튼하고 가벼워서 가지고 다니기에 좋아요.

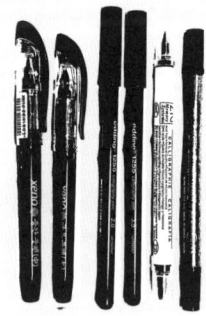

나무와 숲이 되기 위한 지도표

1주차	DAY1 ☺☺	DAY2 ☺☺	DAY3 ☺☺	DAY4 ☺☺	DAY5 ☺☺
2주차	DAY6 ☺☺	DAY7 ☺☺	DAY8 ☺☺	DAY9 ☺☺	DAY10 ☺☺
3주차	DAY11 ☺☺	DAY12 ☺☺	DAY13 ☺☺	DAY14 ☺☺	DAY15 ☺☺
4주차	DAY16 ☺☺	DAY17 ☺☺	DAY18 ☺☺	DAY19 ☺☺	최종점검일 2시간

연습한 날은 ☺
연습 안 한 날은 ☹
색연필로 칠해보세요.

☺ 피아노를 하루 1시간씩 꾸준히 연습하면 한 달 안에 실력이 늘어요

나만의 행복한 취미를 갖고 싶은 사람을 위한
한빛라이프 소원풀이 시리즈

나도 기타 잘 치면 소원이 없겠네
왕초보를 위한 4주 완성 기타 연주법
김우종 지음 | 이윤환 사진 | 240쪽 | 16,800원

나도 우쿨렐레 잘 치면 소원이 없겠네
왕초보를 위한 4주 완성 우쿨렐레 연주법
한송희 지음 | 212쪽 | 16,800원

나도 피아노 잘 치면 소원이 없겠네
한 곡만이라도 제대로 쳐보고 싶은
왕초보를 위한 4주 완성 피아노 연주법
모시카뮤직 지음 | 232쪽 | 16,800원

나도 피아노 폼 나게 잘 치면 소원이 없겠네
어떤 곡이든 쉽게 치고 싶은 초중급자를 위한
4주 완성 피아노 연주법
모시카뮤직 지음 | 224쪽 | 16,800원

나도 손글씨 잘 쓰면 소원이 없겠네
악필 교정부터 캘리그라피까지,
4주 완성 나만의 글씨 찾기
이호정(하오팅캘리) 지음 | 160쪽 | 12,000원

나도 손글씨 잘 쓰면 소원이 없겠네 [핸디 워크북]
악필 교정부터 캘리그라피까지,
4주 완성 나만의 글씨 찾기
이호정(하오팅캘리) 지음 | 160쪽 | 8,800원

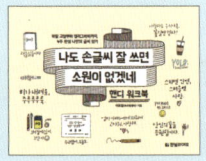

나도 드럼 잘 치면 소원이 없겠네
한 곡이라도 제대로 쳐보고 싶은
왕초보를 위한 4주 완성 드럼 연주법
고니드럼(김희곤) 지음 | 216쪽 | 16,800원

나도 수채화 잘 그리면 소원이 없겠네
도구 사용법부터 꽃 그리기까지,
초보자를 위한 4주 클래스
차유정(위시유) 지음 | 180쪽 | 13,800원

나도 영어 잘하면 소원이 없겠네
미드에 가장 많이 나오는 TOP 2000 영단어와
예문으로 배우는 8주 완성 리얼 영어
박선생 지음 | 320쪽 | 13,800원

나도 손글씨 바르게 쓰면 소원이 없겠네
악필 교정부터 어른스러운 펜글씨까지
4주 완성 한글 정자체 연습법
유한빈(펜크래프트) 지음 | 160쪽 | 12,000원

나도 손그림 잘 그리면 소원이 없겠네
작은 그림부터 그림일기까지
4주 완성 일러스트 수업
심다은(오늘의다은) 지음 | 160쪽 | 13,800원

나도 글 좀 잘 쓰면 소원이 없겠네
글 한 줄 쓰기도 버거운 왕초보를 위한
4주 완성 기적의 글쓰기 훈련법
김봉석 지음 | 208쪽 | 14,800원

나도 손글씨 바르게 쓰면 소원이 없겠네 [핸디 워크북]
악필 교정부터 어른스러운 펜글씨까지
4주 완성 한글 정자체 연습법
유한빈(펜크래프트) 지음 | 160쪽 | 8,800원

나도 좀 가벼워지면 소원이 없겠네
라인과 통증을 한번에 잡는
4주 완성 스트레칭 수업
강하나 지음 · 양은주 감수 | 176쪽 | 13,800원

나도 초록 식물 잘 키우면 소원이 없겠네
선인장도 못 키우는 왕초보를 위한
4주 완성 가드닝 클래스
허성하(폭스더그린) 지음 | 216쪽 | 15,800원

나도 영문 손글씨 잘 쓰면 소원이 없겠네
알파벳 쓰기부터 캘리그라피까지
초보자를 위한 4주 클래스
윤정희(리제 캘리그라피) 지음 | 240쪽 | 16,800원

나도 칼림바 잘 치면 소원이 없겠네
어떤 곡이든 자유자재로 연주하고 싶은
초보자를 위한 4주 완성 칼림바 연주법
위키위키 지음 | 160쪽 | 14,800원

나도 손글씨 반듯하게 잘 쓰면 소원이 없겠네
악필 교정부터 유려한 글씨체까지
4주 완성 펜크체 연습법
유한빈(펜크래프트) 지음 | 160쪽 | 13,800원

나도 그림 잘 그리면 소원이 없겠네
4주간 카콜과 함께 그려보는
자연·건물·인물·여행 드로잉
카콜(임세환) 지음 | 156쪽 | 18,000원